LE MIROIR QVI NE FLATTE POINT.

DEDIÉ A LA REINE
de la Grande Bretagne.

PAR LE Sʳ DE LA SERRE.

Enrichy de Figures en taille-douce.

A PARIS,

Chez NICOLAS BESSIN, & ALEX. LESSELIN,
ruë S. Iean de Beauuais.

M. DC. XLV.

Auec Approbation.

A
LA REINE
DE LA
GRANDE BRETAGNE.

ADAME,

Ie ne pouuois m'approcher de Voſtre Majeſté qu'auec vn Miroir à la main, parce que l'eſclat de ſa grandeur esblouït ſi fort tout le monde, que ie n'en ſçaurois contempler l'image que par la reflexion de ſes rayons. Sans mentir, MADAME, voſtre gloire eſt paruenuë iuſques à ce poinct de rendre vos perfections ſi peu cognuës, comme eſtant ſi peu communes, que ie veux croire que la plus grande partie des hommes ne vous eſtime plus que par reſpect, ou par exemple, n'eſtant

ã ij

pas affez fçauante pour en cognoiftre la raifon:
Car ce n'eft pas tout de dire que vous eftes vnique-
ment belle, & parfaitement chafte, il faut encore
exprimer fecretement d'vn langage de penfee toutes ces diuines qualitez que vous poffedez de fur-
eminence en toutes chofes, puis que leur pureté ne
fe peut rabaiffer iufques à nos difcours fans eftre
profanée. D'où vient que quand ie vous appellerois
toute parfaite, ie dirois bien en effet ce que vous
eftes, mais ie ne reprefenterois pas pourtant la grandeur de vos merites, parce que chacun en foy a des
perfeÆions particulieres, qui nous demanderoit des
autels fi voftre humilité le pouuoit permettre. Ce
font ces veritez, M A D A M E, qui m'empef-
chent de loüer Voftre Majefté, ne fçachant que dire
d'elle-mefme. Ie puis bien luy ramenteuoir que fes
inclinations particulieres font les vertus publiques
que nous adorons, & que du temperament de fon
humeur la Nature a fait tous les Sages du monde;
mais de tous ces difcours, pourtant ie n'en fçaurois
former vne feule loüange qui luy foit propre, la
voyant efleuee au deffus de toutes enfemble. De forte que fi l'Admiration elle mefme n'aprend vn nouueau langage à la pofterité pour publier hautement
& les faueurs, & les graces dont le Ciel vous a
comblee, elle fe contentera de reuerer voftre nom,
& d'adorer voftre memoire, fans parler iamais de
vos aÆions, comme ayant toufiours efté hors de

DEDICATOIRE.

prix, auſſi bien que d'exemple. De mettre en auant
l'immortalité de voſtre auguſte Race, quoy que ce
ſoit vne pure ſource d'honneur qui ne ſe tarira iamais, toutes ces qualitez de Fille, Sœur, & Femme
de Roy, ne ſçauroient rien adjouſter à voſtre Re-
nommee, comme tirant ſon prix des merueilles de
voſtre vie, plutoſt que des grandeurs de voſtre naiſſance. Tellement, MADAME, que les Sce-
ptres & les Couronnes de voſtre Empire, ſont les
plus ſimples ornemens dont Voſtre Majeſté ſe ſçauroit parer, puis que le plus petit eſclat de la moindre de ſes actions ternit le luſtre de toutes les magnificences qui l'enuironnent. Ce qui me fait croire,
que ſi les Merueilles du monde euſſent eſté de meſme
prix que celles que vous nous faites voir tous les
iours, elles auroient puiſſamment reſiſté contre les
atteintes des ſiecles; mais comme elles n'auoient
rien d'admirable que le nom, la Memoire l'a con-
ſeruée en les laiſſant perdre. Tout au contraire des
voſtres, MADAME, qui n'ayant point de
nom propre pour eſtre trop parfaites, ne laiſſeront
pas de viure dans la ſuitte des aages, comme eſtant
animees de la vertu, qui ſeule les exēpte de la mort.
Qu'on ne s'eſtonne donc plus maintenant, ſi ie tente
les perils de la mer, pour rendre hommage à vne
Reine, dont la grandeur humilie par force les eſprits les plus arrogans, ne pouuant attaindre de la
penſee ſeulement iuſques au premier degré de ſa

EPISTRE.

gloire: Car les Graces ne sont autres que les siennes.
Les Vertus ont fait de son nom, le leur d'alliance,
& toutes les qualitez adorables qui se trouuent
icy bas, ne se peuuent admirer qu'en elle seule, ou
en sa source. Ie suis contraint de me taire, M A-
D A M E, pour auoir trop de sujet de parler.
Le nombre de vos perfections m'estonne, la grandeur de vostre merite me rauit, l'esclat de vostre
vertu m'offusque. Et dans cet éblouïssement, dans
ce transport, & dans cet excez d'admiration où
mes sens & mes esprits se trouuent egalement en-
gagez, ie suis contraint de me ietter aux pieds de
Vostre Majesté, & luy demander pardon de l'audace que ie prens seulement de porter la qualité,

M A D A M E,

De son tres-humble & tres-obeissant
seruiteur, P. DE LA SERRE.

APPROBATIO.

Q*VI moribundam vitam, qui edacem vitæ mortem in hoc Speculo liber exprimit, lector tibi obijcit tam fœlice veri specie, tam clara sublimis stili luce, vt temet fugere nequeas, frequens contuere ne terra hæc tui species æternùm tua sit. Ita apprecor. Anno millesimo sexentesimo trigesimo secundo.*

Matt. Lucnkens sanctæ Theol. Lic. & Prof. ordin. Apost. & Regius, L. C.

Philippe Roy de Macedoine Commende a vn de ses page de leueiller.
Tous les matin et luy dire sire souuenez vous que vous estes homme.

LE MIROIR QVI NE FLATTE POINT.

CHAPITRE PREMIER.

HOMME *souuiens-toy que tu es homme:* n'oublie iamais ton nom, si tu ne veux oublier ton salut : Tu t'appelles terre, tu n'es fait que de terre : mais la terre subsiste, & tu t'esuanouis: mais la terre demeure stable, &

L'Homme est vn rien couuert de l'apparence de quelque chose.

ta poudre s'enuolle? estudie tes
miseres, medite tes malheurs.
Tu n'es rien en effect; que si tu
es quelque chose en imagination, ie n'ose seulement te comparer à vn songe, parce que la
fragilité de ta nature a quelque chose & de plus foible &
de moins constant; vn fantof-
me a par dessus toy la simplicité
de l'element dont il est composé, vne ombre remporte encore l'aduantage de la noblesse de
son origine, puis que la lumiere
la produit; vn festu enfin & vn
atome te disputent aussi auec
raison la pureté de la substance,
puis qu'ils sont corruptibles
sans infection, & ton fumier
fait horreur à tes propres pensées. De sorte que ie suis contraint de t'esgaller à toy-mes-

On ne sçau-
roir depein-
dre l'homme
que par la
misere, ny
la misere que
par l'hôme.

me, pour te ramenteuoir la verité de ton neant.

Que le monde eſt vne belle
eſchole, que noſtre condition
eſt vn beau Liure ; & que tous
les funeſtes accidens, où la Nature l'aſſujettit, ſont encor de
belles leçons.

Ne peut-on pas dire que la
Terre eſt vn college où la diuerſité du temps, & des aages
marquent la diuerſité des claſ-
ſes, dans leſquelles nous pouuons faire eſgallement, & le
cours de nos eſtudes, & celuy de
nos iours, ſous l'Empire des miſeres qui nous accompagnent
ſans ceſſe. La pauureté de la naiſſance, nous peut ſeruir de Ru-
diment en la premiere claſſe:
les cris & les larmes du berceau
de Grammaire, & les foibleſſes

rempantes , & les infirmitez
pitoyables de l'adolescence, de
Rhetorique ; y peut-il auoir
maintenant vne plus subtile
Philosophie que celle de la consideration des malheurs qui sont
affectez à la ieunesse ? N'est-il
pas aisé à deuenir grand Physi-
cien à force de mediter la fecon-
dité de nostre nature , en la pro-
duction & des maux, & des peines, qui nous affligent continuellement ? Et quelle plus belle Metaphysique que celle de la
contemplation de nostre estre,
tousiours roulant à sa ruine ? Tirons donc la conclusion de cét
argument, & ioignons auec autant de raison que d'interest à
ces deux grands liures si renom-
mez, & de la Bible, & du Ciel,
où toutes sortes de sciences sont

Qui passe Docteur en la science de se cognoistre n'ignore rien.

en leur source, celuy de nostre nature mortelle, & perissable, puis qu'il nous enseigne l'art de nous chercher dans la pourriture, pour nous treuuer dans l'immortalité.

Quand ie pense que la Terre a esté creée de rien, que l'homme a esté fait de ce rien, que les grandeurs qui l'enuironnent ne sont rien du tout; & que les plaisirs, dont il est idolatre sont aussi de mesme nature, ie demeure tout confus d'estonnement, ne pouuant iamais comprendre le suiet de sa vanité, ny la raison de son arrogance. Petite vapeur infectée qui en s'esleuant se forme en nuë pour cacher sa puanteur, mais qui à force de s'esleuer se resoud en esclairs, & en foudres, & retombe dans le premier

cloaque, d'où il a pris son origine. Bouffée de vent, qui bruit
dans sa violence, mais de cholere sans doute, de ne pouuoir
subsister qu'en fuyant, & que
l'action de sa fuitte continuelle,
est le principe de sa ruine. Fu-
mee qui d'vn effort tousiours
inutile, veut escheller le Ciel, &
à peine peut-on marquer de
l'interualle entre son estre, & son
neant. Petit ver luisant que n'e-
blouit que les louches d'esprit,
puis qu'il n'esclaire que les propres vers qui le deuorent en ca-
chetes. Onde tonsiours gron-
dante, parce que elle s'escoule
tousiours. Quoy tous ces beaux
riens, & toutes ces belles chimeres tireront vanité d'en auoir;
ces apparéces trompeuses s'esta-
bliront icy bas auec souuera-

neté ; Ce ne sera donc qu'en desir, ou qu'en songe, car de quelque escorce doree qu'elles soient
reuestus, la corruption en est
la forme, & la poudre la matiere.

Ie m'estonne que l'homme
soit capable de se mescognoistre
iusques au poinct d'oublier ce
qu'il estoit, lors qu'il n'estoit pas
encore : ce qu'il est maintenant,
lors qu'il iouït de la clarté du
iour, & ce qu'il doit estre de necessité, au couchant du Soleil de
sa vie. Oüy sans mentir ie m'en
estonne , puis que toutes les
choses creées luy peuuent seruir
de miroir pour y contempler à
decouuert la verité de ses miseres.

Les Cieux quoy que roulans
d'vn branfle tousiours égal dans

les mefmes efpaces de leur carriere ne laiffent pas de vieillir , &
leur vieilleffe nous reprefente au
naturel noftre decadence. Que
les Aftres luifent d'vn éclat auffi
beau, que le premier iour de leur
création ; comme ils font atta-
chez dans les cercles des âges,
dont le mouuement continuel
eft limité, ils s'approchent peu à
peu du dernier occident où leur
lumiere doit eftre efteinte, & les
pas de leur courfe nous font voir
le chemin de noftre vie , puifque
le Temps nous conduit tous enfemble , quoy que diuerfement,
à noftre fin. Le feu fi auide
qu'il fe deuore foy-mefme ne
trouuant plus d'aliment pour fe
nourrir, n'eft-ce pas vn Miroir
de la lampe de noftre vie, dont
la mefche allumée efteint ,

deſlors que l'huile de l'humeur radicale luy manque? L'air qui ſe corrompt à toute heure, n'eſt-ce pas encore vne image de noſtre corruption ? L'eau n'a pris ſans doute vn corps diafane que pour repreſenter la fragilité du noſtre, & ſa glace liquide, touſiours roulante, nous fait voir en fuyant noſtre nature fuyarde. La Terre ne nous ſçauroit mieux depeindre qu'elle fait, ſi nous ſommes aujourd'huy de meſme matiere, & demain de pareille forme. Quel plus beau Miroir que celui des fleurs où nous pouuons voir en vn iour, tout le cours de noſtre vie? Car au leuer du Soleil leurs boutons repreſentent noſtre enfance : A midy ces meſmes boutons eſpanoüis noſtre ieuneſſe, & ſur la fin du

iour eux mefmes encore tous fle-
tris, noftre dernier aage. Ie ne
veux pas parler de tous les autres
efpeces des creatures animées, fi
chacune en foy comme viuante,
eft vne image de la mort, il me
fuffit d'en conferuer le fouuenir,
& de vous en laiffer la penfée.

Que vous diray-ie de la fortune, des grandeurs, des richeffes & de toutes ces glorieufes
qualitez, de valeur, de beauté, &
de mille autres encore, qui s'e-
uanoüiffent auec nous. Cette
aueugle Deeffe a vn Miroir fous
les pieds, dont la figure ronde
nous reprefente tout à la fois, &
fon inftabilité, & noftre inconftance. Pour les grandeurs & les
richeffes, les cendres de ceux qui
les ont poffedées, font de nouuelles glaces de Miroir qui ne

flattent point, où nous pouuons voir dedans la vanité, & de leur iouïssance, & de leurs proprietaires. Ces autres qualitez de beau & de vaillant sont de mesme nature que les ames sensitiues & vegetales, qui meurent auec le sujet qu'elles animent, sans laisser d'ordinaire vn seul souuenir seulement, pour marque qu'elles ont esté autresfois. Et en suitte de ces veritez, sçauriez vous treuuer vn plus fidelle Miroir, que celuy de nous mesme ; si chaque partie, mais que dis-je, chaque action, & si chaque souspir est vn portrait animé de mort. De sorte que nous respirons continuellement dans des abois continuels, sans pouuoir disposer d'vn seul instant, pour donner de l'interualle à cét exercice.

 Comment est-il donc possible que l'homme se mesconnoisse ayant de si fidelles Miroirs deuant ses yeux, où en tout temps il peut voir à descouuert la verité de sa Nature, pétrie dans la corruption, formée par elle; & destruitte encor par elle mesme? Chose estrange, il ne sçauroit voir dans le monde que des images d'inconstance, & il n'apprehendera point le changement! Tout ce qui frappera son oreille ne resonnera que du bruit de sa fuitte, & il ne pensera iamais à sa retraitte; en fin ses autres sens & ses esprits n'auront pour obiect que celuy de la vicissitude continuelle de toutes choses, & il demeurera ferme & stable dans sa vanité tandis que la mort en ruine les fondemens.

De forte que dans l'opinion trompeufe où il eſt de poffeder toutes chofes, il perd la poffeſſion de foy-meſme & pour auoir trop fongé à fes plaiſirs, fa vie fe paſſe comme vn fonge; mais fans retour. Il faut que ie vous die vne de mes penſées.

Ie ne fçaurois iamais comprendre la raiſon de ceux qui fe plaignent de la fortune du monde, & de tous les plaiſir de la vie. Celuy-cy reprochera à cette folle Deité fes tromperies, fans conſiderer que luy-meſme s'eſt trompé d'adiouſter foy à vne Deeſſe qui n'euſt iamais eu; il l'accuſera encore de l'auoir touſiours conduit dans des chemins raboteux, & parſemez d'eſpines, comme ſi en ſuiuant vn aueugle on ne ſe mettoit pas en hazard

L'Homme a beau fe plaindre de la Fortune, fes regrets comme inutiles ne l'exemptent pas de la peine.

Le monde peut bien estre l'instrument de notre perte, mais non pas sa cause.

de courre ce danger. Celuy-là fera de nouuelles plaintes contre le monde detestant ses douceurs, maudissant ses charmes, & l'appellant mille fois pipeur, mais quoy? on diroit à oüir toutes tes plaintes que le monde ne fait que de naistre, ie veux dire qu'il est nouuellement creé, que personne ne le cognoist encore, & qu'à peine ses premieres ruses commencent à se descouurir. Quelle folie! n'est-ce pas se piper soy-mesme, d'auoir commercé auec vn trompeur; or le monde n'a iamais porté ny d'autre nom, ny d'autre titre, pourquoy se nourrir aussi de ses douceurs, si leur amertume empoisonne sensiblement les ames? Que si ses charmes sont assez puissans pour tenter la raison, ils sont

Le nombre de ceux que le monde a trompé est si grand, que ceux qui le sçauent ne sont plus excusables. La vo-

trop foibles pour la vaincre, pourueu que noſtre volonté n'y conſente pas, de maniere qu'on demeure conuaincu de tous les crimes dont on le veut accuſer.

Quelle apparence encore de ſe mettre en cholere contre les plaiſirs qu'on à receus, ſi nous leur donnons nous meſme & l' eſtre, & la forme; Les penſées conçoiuent les delices & la vo-lonté les fait naiſtre. Ce ſont des ouurages dont nos imagina-tions forment les eſpeces, & dont nos deſirs font la meta-morphoſe, les changeant en des objets palpables & ſenſibles qui font marquez du ſceau de noſtre malice.

Qu'on abhorte donc les plai-ſirs au lieu de les accuſer, qu'on deteſte leur vanité au lieu de ſe plaindre de leur tromperie. Que s'il sont criminel ils portent la tache de leurs peres, & s'il sont complices de nostre perte, nous ne les faisons naistre, que pour nous faire mourir.

Qu'on cesse, dis-je, de se plaindre de la Fortune si le Miroir de son bandeau & celuy de ses ailes nous represente au naturel & sa legereté, & nostre folie.

Qu'on ne mette plus en auant que le monde est cause de nostre ruyne; si nous marchons à toute heure sur la poudre & sur la cendre de ceux qui se sont repentis trop tard de l'auoir suiuy.

Pour la Volupté cét vne vaine idée à qui nos passions donnent vn corps, afin de sentir d'obiet sensible à leur brutalité. De maniere qu'elle ne peut agir que

par

par nos mouuemens, tirant ſa vi-
gueur de noſtre force, & ſon
pouuoir de noſtre ſouueraineté:
ce qui vous réd doublemét cou-
pables paliant nos fautes au lieu
de les publier puis que les regrets
pluſtoſt que les excuſes nous en
peuuent abſoudre.

Ce n'eſt pas que S. Iean Chry-
ſoſtôme touché de la compaſſion de nos malheurs ne s'eſcrie
dans l'eſtonnement de noſtre
foibleſſe; *O monde, combien en as
tu trompé,* mais c'eſt ſon meſtier
& ſa profeſſion, *O fortune com-
biē en as tu fait choir;* mais à l'heure meſme que ie vous parle, elle
donne de l'employ à ſa trahiſon,
& de l'exercice à ſa tyrannie; *O
plaiſirs confits en douceurs & de-
ſtrempez en amertume, combien en
auez vous empoiſonné;* mais leur

La volupté tire touſiours ſa force de noſtre foibleſſe volontaire.

C'eſt eſtre plusque fou quand la follite d'autruy ne nous ſert pas d'exemple.

B

venin est si commun qne toute la terre en est infectée, Quel remede à tout ces maux? Il n'est point d'autre que celuy de se mirer dans le Miroir de ses cendres; *Miroir* tousiours pendu à la ceinture, & qui ne flate point; *Miroir* dont la glace plus fragile que celle de cristal, nous fait voir encor que tout les obiets du monde sont faux, fors que celuy de nostre pourriture, *Miroir* qui nous represente plus viuement dans nostre portrait, que dans nous mesmes. *Miroir* dont les especes d'ombre & de chimere nous font voir en effect, ce que nous ne sommes qu'en apparence.

Miroir tout miraculeux qui conserue les especes d'vn rien, pour les rendre sensibles à nostre

cognoiſſáce. *Miroir* tout diuin,
qui metamorphoſant noscorps
en ombres, nous repreſente toutes fois ſi au naturel, que les plus
arrogans ne ſçauroient ſe meſcognoiſtre. *Miroir*, enfin que la
nature a enchanté de ſes propres
charmes, afin qu'en ſe mirât dedans, on puiſſe reſiſter à ceux des
appas du monde.

Ie m'eſtonne grandement de
ce qu'on nous preſche la cognoiſſance de nous meſmes & ſi
penible, & ſi difficile, puis qu'en
tout temps & qu'en tout lieux,
de tout coſtez, & de toutes ſor-
tes de façós nous ne ſommes rié
du tout, ou ſi par vn excés de flaterie & de vanité i'emprunte
quelques noms pour exprimer
au vray ce que nous sómes, ce ne
peut eſtre que ceux de la boüe,

B ij

& de la fange, dont la puanteur
en oste la doubte aux plus incredules.

En quoy consiste donc la peine d'estudier à se connoistre, si
les plus ignorans y peuuent passer docteurs dans l'echole de nos
miseres ? Où gist difficulté de
paruenir à cette connoissance, si
le seul vent de nos souspirs emporte à tous momens la poudre
infectée dont nous sommes formez ? Où est cette peine, dis-je,
encore, si nos sens & nos esprits
ne peuuent auoir d'autre obiet
en l'admiration des plus belles
chose du monde que celuy de
l'inconstance aussi inseparable
de leur nature qu'elle est propre
à nostre condition ? Et quelle
peut estre cette difficulté, si nous
ne sommes capables d'action

La connoissance de soy-mesme n'est difficile qu'aux orgueilleux.

L'humilité est vn sçauant maistre d'echole pour nous.

que pour nous deſtruire ? Il faut rompre l'eſcorce.

Ie veux croire qu'vn chacun ſçait d'où il vient & où il va, que ſon corps n'eſt qu'vn ouurage de la pourriture, & que les vers en attendent la proye comme vn aliment qui leur eſt affecté. Mais il eſt important de conſiderer que ces veritez quoy que ſenſibles, ſont miſes le plus ſouuent en oubly, & que le defaut de memoire, marque celuy de la cognoiſſance. Qui ſonge à ſon neant meſpriſe hors de Dieu, toutes choſes, & la vanité ne nous ſçauroit ſurprendre que durant l'nterualle de ce ſonge. L'homme ſçait bien qu'il eſt mortel? mais comme il ne penſe iamais à la neceſſité de mourir, cette ſcience s'oublie, quoy qu'il

apprendre à nous cognoiſtre.

Le ſouuenir de la mort nous fait oublier les vanitez de la vie.

meure sans cesse, & en perdant le souuenir de sa condition il en perd la cognoissance.

Souuenez vous que vous estes homme, disoit le Page tous les matins à Philippe de Macedoine. Ce grand Monarque se faisoit eueiller tous les iours aux nouuelles de la mort, de peur d'estre charmé par les douceurs de la vie. Les grandeurs l'enuironnent de toutes parts pour luy faire oublier sa bassesse ; mais n'entendez vous pas le belair qu'il fait chanter sur le ton de ses miseres? la pompe & la magnificence de ses richesses l'esblouïssent de leur esclat, afin qu'il ne pense iamais à la pauureté qui luy est propre. Mais vous voyez comme il se fait eueiller au bruit de cette verité pour en conferuer tonfiours la memoire. Sire fouuenez vous que vous eftes homme. O! combien de myfteres font compris en ces paroles, en voicy l'allegorie.

Grands Roys, fouuenez-vous que vous eftes fuiets à beaucoup plus de miferes, que vous n'auez de fubiets en voftre Empire. *Grãds Menarques, fouuenez-vous* que de toute la grande eftenduë de vos terres, il ne vous en reftera pas vn pied feulement; tant les vers font ialoux de voftre gloire. *Grands Princes, fouuenez-vous* que vos fceptres & vos couronnes font de fi foibles marques de grandeur que la Fortune s'en iouë, que le temps s'en moque, & que le vent en emporte la poudre. *Souuerains Arbitres*

si nous fommes differensenlamaniere de viures, nous fommes tous efgaux en la neceffité de mourir.

de la vie des hommes. Souuenez-vous qu'encore que vous soyez par dessus les loix, celle de mourir est inuiolable.

La fable est belle sur la resolution que prirent les fleurs & les plantes d'eslire vn Roy, & vne Reyne; & comme le nombre des voix fit l'election, le Soucy fut declaré Roy des fleurs, & l'Espine Reyne des plátes. Mais qu'il y a de serieuses veritez cachées sous cette feinte.

Est-il rien de plus beau dans tous les parterres du iardin de la nature que la fleur du soucy? Son teint tousiours doré de la couleur du Soleil, nous esblouït d'abord si doucement, que l'œil esgaré dans l'admiratió de sa beauté nouuellement espanoüie, a de la peine de retirer ses regards d'vn obiect si agreable. Mais cueillez le, & parez vous en, sa senteur vous produit mille soucis dans l'ame, pour vn seul que vous en tenez à la main ; car vostre humeur deuient tout à coup chagrine & melancholique à force d'auoir esté infectée d'vn si beau fumier.

La Royauté en est de mesme, son sceptre & sa couronne sont de nouuelles fleurs de soucy, dót l'esclat & la beauté egalement rauissantes attirent d'abord à leur admiration l'ame par les yeux, mais si on les prend à la main, ou qu'on en vueille parer sa teste, on se trouue plein de soucy pour en estre couuert ; Que si vous en doubtez demandez le à Seleucus, &il vous répondra que le premier momét de son regne fut le dernier de son repos.

L'Espine a emporté aussi la Royauté qui ne l'aimeroit pas auec la Rose. O que toutes deux ensemble ont de puissás attraits pour tenter également, & le cœur à les desirer, & la main à les cueillir, mais c'est en vain que la nature a donné des armes à la ialousie de l'espine pour seruir de deffence à sa fleur, puis que ses pointes sont autant d'appas qui nous piquét d'enuie pluftost que de crainte. Tout le monde en veut faire des bouquets: mais l'épine demeure & la rose se flétrit.

Disons donc aussi que la Royauté est vne belle espine accompagnee de la rose, ie veux dire de beaucoup de contentemens de mesme nature. Toutes deux ensemble ont de gráds charmes

pour no⁹ dóner & de l'amour &
de l'enuie, mais l'épine de la cou-
róne demeure & la rofe des plaifirs fe flétrit: ô que le fardeau de
cette grandeur eft pefant! Et fi
vous ne me croyez pas, enquerez
vo⁹ en à ce puiffant Roy Mithry-
dates, il vo⁹ redira plufieurs fois,
qu'il n'a iamais foupiré que de la
pefanteur de fes couronnes.

Sire, fouuenez-vous que vous eftes
homme: mais dequoy fe peut-il
en orgueiller? feroit ce de la grá-
deur de fon Empire? c'eft vn bié
eftranger qui ne fe laiffe poffeder
que par la vanité, puis que fes
honneurs & fes plaifirs n'ont rien
de plus propre. Eftre grand Ter-
rien c'eft auoir beaucoup de fumier à vendre, & peu de profit à
faire. Sire fouuenez-vous que vo⁹ eftes hõme: quelle pouroit eftre fon

ambition, feroit-ce de conquerir tout le monde ? qu'en feroit-il apres l'auoir conquis, fi 'c'eſt vne boule de neige que le Temps fait fondre peu à peu, en la faiſant rouler ſans ceſſe ?

Sire, ſouuenez-vous que vous eſtes hõmes ; quels feroiét ſes deſſeins, pretendroit-il des autels & des temples ? quels ſacrifices pourroit-on faire à vne victime que la mort tiét continuellemét aux abois ? offriroit-on de l'encens à vn fumier, & voudroit-on faire d'vne cloaque vn idole ? la penſée choque le ſens commun.

Sire, ſouuenez-vous que vous eſtes homme; que ſçauroit-il faire auec ſa puiſſance abſoluë; Vne petite pierre le fait broncher, vn feſtu le peut aueugler, vne ombre, vne atome, vn rié ſont capables

de le reduire à rien du tout; n'est-
ce pas vn obiet de pitié, plustost que d'enuie; Grands Roys
ce sont des veritez trop impor-
tátes pour en perdre le souuenir.

Vous auez beau morguer le
Ciel d'vn sourcil herissé, la seule
imagination du bruit de ses foudres vous tient des-ja en alarme:
Vous auez beau fouler la terre
d'vn pied dedaigneux , celle
dont vous estes formez sera bien
tost foulee, apres que les vers en
feront souls. *Souuenez-vous que
vous estes homme* , & que tout les
obiects de richesse, & de grandeur, qui vous enuironnent sont
de mesme nature que vous.
Vous mourez à tout momens,
& tout se pourris sans cesse.

Quand ie me represente vos
testes couuertes d'vne riche cou-

I'ay dit à la
pourriture,
vous estes
mon pere ,
& aux vers
vous estes
ma mere, &
ma sœur.
Iob. 17.

La teste qui
porte les
couronnes

róne, ie m'imagine que c'eſt vn petit point enfermé & enclos dás ſa circóference, dót les lignes aboutiſſentà ce centre de corruption, lignes de grandeur qui ſe terminent à ce point de baſſeſſe.

Si ie vous cóſidere auec le ſceptre à la main, il me vient en penſée de voir vn mauuais arbriſſeau pláté ſur vne mauuaiſe terre, l'arbriſſeau ſe deſſeiche & ſe reduit en poudre, & la terre demeure ce qu'elle eſtoit touſiours,

Que ie vous contemple aſſis ſur vos trônes parez de vos plus riches ornemens, ie m'imagine de voir vn Iupiter en peinture tenant la foudre en main: car vous eſtes ſi foibles auec toute voſtre puiſſance abſoluë, que ſi vous auez la hardieſſe de leuer la teſte ſeulement pour regarder le Soleil, vous en pleurerez à mesme temps, afin d'expier de vos larmes le crime de voître arrogance.

Grands Roys, souuenez vous donc que vous n'estes pas grâds qu'en miseres. *Souuerains Monarques*, souuenez vous que voître Empire n'est que seruitude, puis que vous estes suiets à tous les malheurs de vos subiets. *Puissans Princes*, vn coup de vent deffie à la lute voître pouuoir absolu. *Sacrees Maiestez* ie vous saluë auiourd'huy de ce nom, mais demain ie changeray de termes & vous appelleray Squeletes & Carcasses, afin que tout le monde vous cognoisse en disant la verité. Ie veux changer de ton.

Que les Poëtes sont ingenieux

en leurs réueries. Ils nous racon-
tent que l'inconstance estant
bannie du Ciel descédit en terre auec dessein de se faire peindre, & que sur le refus que les
peintres en firent, elle s'adressa
au Temps, qui apres l'auoir con-
siderée en toutes ses diuersitez se
seruit du visage de l'homme
pour toile d'attente, où l'ayant
representé au naturel, tout le
monde la prit pour l'hóme mesme, puis qu'en effet ce n'estoit
qu'vne mesme chose. O la belle
verité decouuerte par vne fable.

Qui veut donc voir maintenant l'image de l'Inconstance,
qu'il en cósidere les traits & les
lineamés sur son propre visage.
Nostre front qui se ride à tous
momens; n'est-ce pas le sié mesme? nos yeux qui à force de s'v-
ser

zer à toute heure nous deman-
dent defia des lunettes, ne font-
ce pas auffi les fiens? Nos iouës
qui fe laiffent choir ne different
en rien des fiennes. Enfin nos
vifages font les feuls Miroirs qui
ne flattent point.

Que refpondrons nous tou-
tes fois à l'obiection de cette verité, que ce qu'on voit de l'homme n'eft pas l'homme; Si fon
vifage, comme vn mauuais
horloge, marque faux, le portrait de l'incouftance eft imagi-
naire.

Mais eft-il rien de plus volage que l'efprit de l'homme; c'eft
vne girouëtte à tous vents, &
voila encore les premiers traits
du vifage de l'Inconftance, ne
faut-il pas de neceffité accompa-
gner fon humeur changeante à

C

elle-mesme, si l'on en veut don-ner vn exemple? & ce sont encore de nouueaux lineaments qui nous representent la legereté. Enfin ses pensees, ses desirs, & toutes les passiós de son ame, ne sont que des obiects de vicissitude, capaples de toute sorte d'impressions : de sorte que dans la perfectió du portraict de l'homme, l'inconstance se trouue parfaitement depeinte. Allons plus auant.

Les resueries des Poëtes sont assez serieuses pour nous seruir souuent d'entretien. Ce sont encore eux-mesmes qui nous presétent vn Achilles immortel en toutes les parties de son corps fors qu'en celle du talon.

Grands Roys ie vous prendray si vous voulez pour des

Achilles, & oublierai encore que vous estes inuulnerables comme luy, fors que le talon. Mais de quelque forte trempe que soiét vos armes à quoy vous seruent-elles auec ce notable deffaut? cette seule tache ternit tout l'esclat de vôtre gloire. La nature a beau vous auoir esté prodigue & de ses faueurs, & de ses graces, elle ne vous a rédus immortels qu'à demy. Toutes vos apparéces sót diuines, mais le dedás gaste tout, chaque partie est vn talon par où la mort vous peut surprédre:

Diray-ie donc que vous estes des Achilles? qui me croira si vos testes seruent de but aux traits de la fortune? de vous prescher inuulnerable, vne petite esgratigneure me pourroit dóner vn

deméty. La verité plus puissante
que la flaterie, me contraint de
vous appeller par voftre nó: car
en vous ramenteuant que vous
eftes hommes, ie vous reprefente au naturel tous les malheurs
qui accompagnent voftre vie.

Tu as beau faire des Panegy-
riques à la loüange de l'homme,
ô mercure Trifmegifte, & foute-
nir hardiment que c'eft vn grand
Miracle: il faut donc que ce foit
vn miracle de mifere, puis que la
nature ne produit rien de fi miferable que luy.

Et toy Pythagore qui as eu
l'effronterie de nous perfuader
que l'homme eftoit vn Dieu
mortel, fi tu euffes fait l'anatomie de fa carcaffe, la puanteur de
fon fumier t'eut bien -toft forcé
à changer de langage, Platon tu

L'homme eft fi peu de chofe qu'on ne fçauroit luy donner de non qui ne luy foit aduanta-geux.

raiſonnes bien ſur ce ſujet ſans y
penſer, lors que d'vn effort d'eſprit, & d'eloquéce, tu nous veux
obliger de croire que l'homme
eſt da la race des Dieux. Veritablement puis que tes Dieux ſont
de terre, la cauſe ſe rapporte à l'ef-
ſect : car l'homme eſt de meſme
matiere. Plotin, tu n'as pas mal
récontré auſſi, lors que tu as dit
en faueur de l'hóme que c'eſtoit
vn abregé des merueilles du móde : parce que ſi toutes ſes merueilles, iadis ſi fameuſes, ne ſont
plus que cendre & que poudre,
l'homme en peut eſtre l'exéple,
auec beaucoup de raiſon.

O que Dauid eſt bien plus
ſçauant en la cognoiſſance de
noſtre condition, lors qu'il com-
pare l'homme non ſeulemét à la
poudre, mais à la poudre qui s'é-

Il n'eſt point de langue en la nature qui nous puiſſe fournir des termes aſſez puiſſãs pour exprimer les miſeres de l'homme.

uole pour nous faire voir encore que ce peu qu'il eſt, s'enfuit
touſiours, pour n'eſtre rien du
tout à la fin.

Mais que ie ſuis, aiſe, Seigneur,
de n'eſtre que poudre, afin de
voler vers le Ciel, car la terre
m'eſt à meſpris; Que ie ſuis ſatiſ-
fait de n'eſtre que cendre pour
pouuoir conſeruer dans mon
ame quelque eſtincelle du feu
devoſtre amour? Quelle gloire &
quel contentement encore, d'e-
ſtre deuoré par les vers, puiſque
vous vous appellez vn ver. Rongez Seigneur, rongez, & mon
cœur & mes entrailles, ie vous
les offre en proye, & redonnez-
m'en de nouueaux qui ne vous
offencent plus. Ie ſçay bien que
ma vie s'enfuit peu à peu; mais
que ſa fuite m'eſt agreable, puis

*Memëto ho-
mo quia ni-
hil es, & in
nihilum re-
uerteris.*

*Ego ſum
uermis &
non homo.*

*O amare, o
ire, o ſibi pe-
rire, o ad
Chriſtum
peruenire.
S. Auguſtin.*

que vous en estes l'obiect : Ie
voy bien que mes iours s'escou-
lent & se passent d'vne course
continuelle : Mais quelle consol-
lation de se sentir mourir à toute heure, pour reuiure eternellement. O veritez que vous auez
d'appas pour consoler les ames
les plus affligées ! ie reuiens à
mon sujet.

Dies anti-
quos in mé-
tem habui.

On lit des Prestres Gentils
qu'il escriuoient des lettres tous
les ans à leurs Dieux sur les cendres des sacrifices qu'ils faisoient
au plus haut du mont Olympe :
& ie veux croire que c'estoit à
dessein qu'elles fussent mieux
receuës, estant escrites sur ce papier d'humilité. Tirons maintenant la verité de cette feinte. Es-
criuons tous les iours au Ciel sur
le papier de nos cendres, en con-

L'humilité
est toujours
accueillie
de tout le
monde.

Toutes les
parties du
corps sont
autant de
caracteres
de poudre
où l'on peut
lire la veri-
té de nostre
neant.

feſſant que nous ne ſommes autre choſe, & faiſons que nos ſouſpirs ſoient les fidelles meſſagers de ces lettres, comme les ſeuls teſmoins de noſtre cœur. *Ie me cacheray ſous les cēdres Seigneur, afin que ta iuſtice ne me paye pas,* diſoit Dauid. Quel Rideau, cette Iuſtice Souueraine qui ſe fait iour dans les Enfers ne peut penetrer la cendre pour y treuuer deſſous vn pecheur. Non non, car ce voile a la vertu de réuoyer les rayons de cette lumiere vengereſſe dans la ſource qui les produit.

Souuenez-vous que ie ne ſuis rien, Seigneur que vous m'auez fait de rien, & qu'à tous momens vous vous pouuez me reduire à quelque choſe de moins encore, s'eſcrit Iob dans ſes malheurs. Il ne trouue point d'autre inuention pour appaiser la douce cholere de só Dieu que de luy ramenteuoir sa grandeur infinie, & à méme temps celle du pitoyable estat où il est reduit. Pourquoy prédriez-vous les armes contre moy Seigneur, poursuit-il, si le vent de vostre parole me peut desfaires de mesme qu'il m'a fait? Souuenez-vous, souuenez-vous, que ie ne suis que ce que la benigne influence de vos diuins regards permet que ie sois: car dés le momét que vous cesserez de me regarder, ie cesseray de viure.

Parlons donc de cédres nostre corps de poudre, couurós d'vne nouuelle terre la nostre, pour faire des rempars à l'espreuue des foudres du Ciel. Ne voyez vous pas comme sa Iustice toute puis-

Paraphrase.

L'humilité triomphe de toutes choses.

Hôme souuiens toy de ton origine, car tu n'es pas fait de feu comme les Estoiles, ny d'air cóme les vents, mais de fumier, d'où vient que tu infectes tout le monde.

sáte trouue des limites dás la có-
fession de noftre neant : nous ne
pouuós rié craindre en publiant
que nous ne fommes rien. Letó-
nerre a beau gronder, l'hyfope le
morgue dás fa baffeffe: la crainte
& l'humilité fe fauffent toujours
compagnie: l'vnique moyen de
triompher de toutes chofes c'eft
de vaincre fon ambition.

Seigneur, à peine oferois-ie
corire que ie fuis, fi voftre feule
Prouidence n'eftoit l'appuy de
mon eftre. Mais puis que voftre
bonté m'a tiré des abyfmes du
neant, que voftre Grace me faffe
conferuer toufiours le fouuenir
de mon origine. Auant le temps
ie n'eftois rien, auant le temps ie
ne fuis rien encore: mais quel
bó-heur de n'eftre rien du tout,
fçachant que vous eftes toutes

choses , car si ie me cherche vai-
nement en moy-mesme, ne me
suffit-il pas que ie me trouue en
vous? Ie veux donc oublier iusques à mon nom & ne penser iamais qu'à la chimere de mon
estre, puis que comme vne chimere, il passe & s'esuanoüit. La
seule consolation qui me reste,
c'est qu'en passant vous demeu-
rez seul ferme, & stable: de sorte que sans fin, vous estes la fin
de ma carriere, & sans bornes,
vous limitez l'estenduë de ma
course, comme l'vnique obiect
& de mon repos, & de ma felicité. Me voicy de retour.

Que l'amour de Dieu paroist
à son iour d'vn esclat tousiours
adorable dans l'ouurage de l'hôme: Ne diroit-on pas qu'il ne l'a
fait de terre, que pour pouuoir

Quelle ioye de s'enfuir continuelle-ment auec toutes cho-ses vers celuy qui a tout creé.

Le Ciel change les souspirs de la terre en larmes, ie veux dire ses vapeurs en rosée.

épandre deſſus, la ſemence & de ſes benedictions, & de ſes graces. O heureuſe terre qui cultiuée ſoigneuſement, peut produire les fruits d'vne felicité eternelle.

Vante toy ô homme de n'eſtre que terre, puis que le Ciel arrouſe la terre continuelle-ment. Que ſi d'vn œil irrité il eſlance aucunes fois ſur elle la foudre, elle meſme en fournit la matiere, vis touſiours dans l'innocéce & tu ne ſçauras que c'eſt que de crainte. Occupe toy ſans ceſſe à meſurer la profondeur de l'abyſme de ton neant ; & quoy que tu n'en voyes iamais le fonds, ta peine ne ſera pas inutile, parce qu'en te cherchant dans ta baſſeſſe, tu te retrouue-ras touſiours beaucoup plus grand que tu n'es pas.

Le Soleil ce bel Aſtre du iour, qui d'vn regard continuel contéple toutes les choſes creées ne peut faire reflexion de ſes rayons pour ſe voir ſoy-meſme, comme ſi la Nature ſa mere eut apprehendé en le faiſant ſi beau, que la glace de ſa lumiere ne ſe fut metamorphoſée en vn feu d'amour, pour le rendre amoureux de ſon propre eſclat.

Mais l'entendement, ce Soleil de nos ames, a vne faculté auec laquelle il peut bien contempler hors de ſoy toutes choſes, & rappeller encore la meſme puiſſace pour ſe conſiderer ſoy meſme. Ce qui rend l'homme capable nonſeulement de la meditation des malheurs du monde, mais auſſi de celle des afflictions & des peines qui l'accompa-

gnent inseprablement dans *le*
tombeau.

On lit de Moyse que Dieu
luy commanda de bastir le deuant du Tabernacle tout de Miroirs; afin que ceux qui se presen-
teroient deuant son Autel, se mi-
rassent en le priát. O le beau my-
stere. Mortels il se faut mirer dás
la glace de vos cendres, si vous
voulez que vos vœux soient
exaucez.

Dieu nous a enseigné vne
belle façon de prier. *Donne nous*
aujourd'huy nostre pain quotidien,
Mais pourquoy Seigneur ne
nous apprenez-vous à vous demander du pain pour demain
aussi bié que pour aujourd'huy?
O que la raison en est belle c'est
parce que la vie n'a point vn demain asseuré; encore est-ce vn

excez de grace de luy pouuoir demander le pain de noſtre nourriture pour toute vne iournée, puis que chaque moment peut-eſtre celuy de noſtre mort. Que cette verité te ſerue encore de Miroir, lecteur, ſi tu veux que tes prieres penetrent les cieux. Ce n'eſt pas tout de ſçauoir que ton corps n'eſt qu'vn coloſſe de fumier qui ſe traine d'vn lieu à autre, par vn dernier effort d'vne vie touſiours languiſſante, il te faut ramenteuoir auſſi que châque inſtát peut terminer la courſe de ta penible carriere, & que cette própte retraite te contraint à dire vn adieu pour iamais à toutes les choſes du monde que tu cheriſſois le plus: penſées ſeules dignes d'vn bon eſprit.

Ce n'eſt pas tout de ſonger à la neceſſié de mourir, il faut penſer encore que chaſque heure peut eſtre noſtre derniere.

*Cinerem tan-
quam panem
manducabā.*

Ie mangeray la cendre comme
le pain, dit le Royal Prophete,
mais comment est-il possible de
se nourrir de cendres? ie con-
çois sa pénsée. Il entretenoit son
esprit du souuenir des cendres
de son corps, & cette seule verité seruoit d'obiect à son imagination, pour assouuir l'appetit de son ame. Seigneur donnez
moy & le mesme goust, & la
mesme enuie, pour ne me repaistre iamais que de poudre, &
de cendre, me ressouuenant tousiours que ie ne suis autre chose.
O doux souuenir de ma pourriture puis qu'il peut seruir d'vn
eternel aliment a mon esprit: O
pretieuse memoire de mon neát,
puis qu'elle peut assouuir l'appetit de mon cœur: Que ce soit
ce pain quotidien Seigneur que
vous

Ce n'est pas
vne grande
humilité à
l'homme de
s'abaisser au
dessou de ce
qu'il est,
estant si peu
de chose.

vous m'auez appris à vous demander, afin que tous mes defirs
enfemble foient raffafiez de cette chere nourriture. Ie me retrouue dans mon égarement.

Apres auoir penfé diuerfes fois
à l'imbecilité & à la foibleffe de
l'homme, ie fuis contraint de
m'efcrier euec S. Auguftin, Qu'-
eft-ce qu'il y peut auoir de plus
fragille en la nature ; Si nous
eftions de verre, pourfuit-il,
noftre condition en feroit bien
meilleure : car vn verre confer-
ué foigneufement peut durer
long-temps, & quelque peine
que l'homme fe donne à fe conferuer, & fous quelque abry
qu'il fe mette à couuert de l'orage, il fe rompt & fe caffe de luy-
mefme.

Que refpondez-vous à ces ve-

D

rités, grands Princes? Vous auez beau faire les arrogans, la fragilité du verre ne peut souffrir de comparaison auec elle de voſtre nature. Quelle aſſiete donnerez vous à voſtre grandeur, & quel fondement à voſtre vanité, ſi le ſeul vét de vos souſpirs vous peut faire faire naufrage ſur la mer de vos propres larmes? Quels ſurnoms prendrez-vous pour vous faire meſcognoiſtre? Celuy d'Immortel vous ſieret mal, puis que chaſque partie de voſtre corps ſert de but aux traits de la mort. Celuy d'Inuincible ne vous ſeroit auſſi nullement propre, puis qu'à la moindre atteinte de malheur, vous eſtes plus dignes de pitié, que capables de deffence. De vous faire appeller Dieux, vos idola-

L'homme eſt bien miſerable puis que ſa vie eſt la ſource de ſes miſeres.

L'homme peut tout auec la vertu & rien ſans elle

tres vous immoleroient à leur ri-
fee. Foulez au pieds les couronnes fi vous en voulez eftre couronnez iuftement: vous ne fçauriez vous rendre dignes que des
honneurs que vous mefprifez;
car la gloire ne confifte pas à la
poffeder, mais à la meriter , &
l'vnique moyen de l'acquerir
c'eft de n'y pretendre rien.

   Que la coutume des Locriens
au couronnement de leurs Roys
eft remarquable. Ils brufloient
deuát eux vne poignee d'eftoupes pour leur reprefenter l'infta-
billité de leurs grandeurs & l'aui-
dité du temps à les deftruire. En
effect toutes les grandeurs de la
terre ne font qu'vn morceau
d'eftoupes, & deflors que Darius
en veut faire fon threfor, le malheur y met le feu & les reduit en

Le Ciel ne
fe peut ac-
querir que
par le mef-
pris de la
terre.

D ij

Toute la grãdeur des Roys est vn esclaire d'vne flamme d'estoupes.

cendres : & comme il portoit
encore dans le cœur l'enuie de
les rendre immortels, vn nouueau feu se prend à ses entrailles
par vne ardeur de soif qui le
brusle, afin de consommer tout
à la fois & l'effet & la cause; tant
il est vray que la gloire du monde s'esuanoüit comme la fumée.
Grands Roys, si vous voulez
bastir vn throsne de grandeur à
l'espreuue & du Temps & de la
Fortune, iettez-en le fondement sur celuy de vos miseres?
L'humilité prend son essor dans
la bassesse toutes les fois qu'elle
veut voler dans les cieux.

Celuy qui s'estime le moindre de tous; est le plus grand.

O que l'humilité de saint Iean
Baptiste est admirable ! on luy
veut donner des titres de souueraineté en le prenãt pour le Mes-
sie; mais ramenteuez vous com-

me d'vn effort d'amour & de
respect, il se precipite de cœur &
de pensée dans l'abysme de son
neant, pour pouuoir admirer
dans la bassesse, & la Grandeur,
& la Maiesté, chacune en son
throsne. Ie ne suis qu'vne voix,
dit-il, qui frappe à vos oreilles
pour entrer dans vos cœurs.

    Voix qui bruit en vn mo-
ment,& qui passe à l'instát mesme. Quelle humilité ! Est-il rien
qui soit moins quelque chose
que la voix ? c'est vne boufée de
vent qu'vn nouueau emporte ie
ne sçay où, puis que tous deux
se perdent dans l'air, apres l'a-
uoir tant soit peu agité de leur
douce violence. Ce n'est rien en
effect, mais c'est toutesfois le
nom propre de ce grand Pro-

Vox clamã-
tis in deser-
to.

Ie ne suis
qu'vne voix
qui crie dãs
le desert,
faites peni-
tence.

D iij

Prophete: on le veut esleuer &
il s'abaisse si bas, qu'il voudroit
se pouuoir rédre inuisible, comme la parole, tant il craint d'e-
stre pris pour celuy duquel il se
iuge indigne dedeslier la cour-
roye des souliers.

Seigneur que sommes nous
aussi qu'vn peu du vent enfermé dans vne poignee de terre? à
quoy nous peut-on comparer
sans nous donner de la vanité? Il
est vray nous sommes l'ouurage
de vos mains, mais toutes les
autres choses creées portent le
mesme titre. Que si vostre bonté a voulu aduantager nostre nature de beaucoup de graces propres, & affectees à elle seule, ce
sont autant de temoings qui
nous conuainquét de ne les meriter pas, puis que l'ingratitude

en est la recónoissance: De sorte
que comme nostre vie ne'st que
peché, & le peché qu'vne priuation, on peut soustenir que nous
ne sommes autre chose, & consequemment rien du tout.

Mais que ie suis orgueilleux,
Seigneur, toutes les fois que ie
pense que vous m'auez creé de
terre: car c'est vn principe qui
m'attire tousiours à soy, par vn
droit de proprieté, dont ie ne
puis me deffendre. Toutes choses cherchent leur repos dans
leur element. O que ie suis heureux d'estre contraint de le chercher dans celuy de la poudre, &
de la cendre, dont vous m'auez
formé. La terre demande la
mienne, & mon corps, comme
vn ruisseau separé de sa source
s'enfuit peu à peu vers cette mes-

D iiij

Le plus iuste peche sept fois le iour.

L'homme a beau triom-pher du monde dans le monde, la terre attend ses depouil-les.

me source dont il a pris son origine. Ce qui m'empesche de guinder plus haut mon essor.

I'ay beau m'esleuer au dessus de mon centre; l'essor de ma vanité, & la violence de ma cheute ne font qu'vne mesme chose : ie penche tousiours du costé de ma foiblesse, & la pesanteur de mes miseres l'emporte sur l'arrogance de mon ambition. O heureux deffaut, & plus heureuse encore la condition qui me tient tousiours enchaisné auec le fumier de mon origine, puis que les liés de cette douce seruitude sont autant de Miroirs qui me representent que ie suis rien, toutes les fois que ie m'imagine d'estre quelque chose. Changeons de ton sans changer de sujet.

Mes Dames, souuenez-vous que vous mourez à toute heure. Voicy vn Miroir qui ne flatte point : il vous represente & telles que vous estes, & telles que vous serez; Que si vous vous admirez pourtant sous vn autre visage tout plein d'attraits & de douceurs, c'est la mort mesme qui se cache sous ces belles apparences, afin que vous ne la voyez pas, Il est vray vous auez de beaux cheueux qui vous courent la teste, & la sienne est toute chauue; mais vous ne prenez pas garde qu'elle vous les arrache peu à peu tous les iours, & qu'elle fait blanchir tous ceux qu'elle vous laisse, afin que vous les arrachiez vous-mesme.

Il est vray, vos yeux ont de

C'ose estraige, la mort nous est aussi presente que la vie & nous n'y pensons iamais.

l'esclat & de la beauté, & l'on ne voit des siens que la place hideuse où la nature les auoit assis, mais vous ne considerez pas cóme d'vne action continulle elle ternit l'esclat de cette beauté, pour faire eclipser en effect ces petits Soleils imaginaires.

Il est vray, vostre teint est de lis & vostre bouche de roses, & l'on ne voit rien sur sa face que les espines de ces fleurs? mais raméteuez vous qu'elle fait flestrir ce teint de lis, de mesme que les lis, & que le vermeil de cette bouche de rose, ne dure qu'autant que les roses, que si pourtát vous differez auiourd'huy d'elle, en quelque chose, vous luy ressemblerés demain en tout. Ie vous laisse à mediter ces verités

L'homme est vn fidelle Miroir qui represente au naturel toutes les choses qui luy sont opposees. Si on le tourne du costé de la terre on n'y voit dedans que des obiects de poussiere & de cendre : mais si on le tourne du costé du Ciel, on y admire des beautés & des graces purement celestes. En effect si l'on considere l'homme dans la condition mortelle & perissable, à peine peut on trouuer de l'arrest en cette consideration, puis qu'il n'est autre chose qu'vne chimere dont chasque moment destruit encore peu à peu la forme, pour la redduire à son premier neant. A n'en point mentir l'homme n'est qu'vne bouffee de vent, puis qu'il ne vit d'autre chose, puis qu'il ne se

L'hôme est vn portraità deux visages & le plus souuent celuy quela nature luy a donné marque faux

L'homme n'est rien en soy & toutefois il comprend toutes choses.

remplit d'autre chofe & qu'il ne meurt que par fa priuation. Que fi vous tournez la medaille, ie veux dire le Miroir de fon ame du cofté de fon Createur : on n'y voit rien que de dons d'immortalité : que de graces d'vne franchife fouueraine & que de faueurs d'vne volonté abfoluë: le Ciel & les aftres paroiffét dans fa glace, non pas par vne refleétion d'obieét, mais pluftoft par vne vertu diuine procedant de la nature de fa caufe. Allons à la fin.

Il me femble que ce Page reuient encore auiourd'huy dans la chambre de Philippe de Macedoine & que tirant le rideau il s'efcrie à fon ordinaire, *Sire eueillez-vous, & fouuenez-vous que vous eftes homme :* Mais

pourquoy l'efueille-t'il? pour le
faire fonger à la mort, fi le fommeil en eſt l'image. Alexandre fe
cognoiſſoit mortel au dormir;
Et en effect ceux qui ont dit que
le fommeil eſtoit frere de la
mort, en ont la raifon de leur
reſſemblance reciproque. *Eueil-*
le-vous donc grands Roys , non
pas pour penſer que vous eſtes
mortels, puis que voſtre fommeil en eſt le fonge, mais pluſtoſt que vous eſtes creez pour
l'immortalité. *Souuenez-vous que*
vous eſtes hommes. Ie ne veux
plus dire fuiets à toutes les miferes de la terre, mais pluſtoſt
capable de toutes les felicitez
du Ciel. *Souuenez-vous que*
vous eſtes hommes. Ie ne veux plus
dire le iouet du Temps, & le
but de tous traits de la For-

tune: mais plustost les vainqueurs des Siecles & de toute
sorte de malheurs. *Souuenez-*
vous que vous estes hommes. Ie ne
veux plus dire conceus dans la
corruption, enfantés par elle, &
destruits par elle-mesme: mais
plustost nais pour la gloire de
Dieu, viuans pour l'acquerir, &
mourans pour la posseder. *Sou-*
uenez-vous que vous estes homme
Ie ne veux plus dire esclaues du
peché, de la chair, & du monde,
mais plustost libres pour resister
au premier, assez forts pour vaincre celuy-là, & plus puissans encore pour faire la loy à l'autre.
Souuenez-vous que vous estes hom-
mes. Ie ne veux plus dire le portrait de l'inconstance, l'obiect
de toute sorte de maux, & la
pasture des vers, mais plustost

l'image de Dieu, le suiet de toute
forte de biens, & le seul aliment
de l'eternité, comme creez pour
elle seule. *Souuenez-vous que
vous estes hommes.* Ie ne veux plus
dire faits de bouë, animez de
malheur, & metamorphosez de
nouueau en pourriture, mais
pluftoft faits de la propre main
de Dieu, animez de sa bonté, &
racheptez de sa grace.

Ie m'eftonne de ce qu'on appelle l'homme vn petit monde,
puis que la moindre de ses pensees peut marquer son eftenduë
au de-là de mille mondes. Il eft
vray qu'il a efté fait de terre, mais
le maiftre qui la fait s'eftát peint
au milieu de cet ouurage, cóme
vn autre Phidias, il le rend plus
admirable que les Cieux. On
pourroit iuger d'abord aufsi que

la, plus grande partie des creatures a beacoup plus de preroga-
tiues que luy, mais au contraire
les Cieux, les aftres & tout ce que
la nature a de plus pretieux, n'a
nulle forte de rapport ny decon-
uenance à fa grandeur, en voicy
la preuue.

Ie veux que la mer faffe admirer efgalement & l'eftenduë
de fon empire & la vertu de fa
puiffance, la moindre larme de
repentir que l'homme refpand
eft mille fois plus admirabe,
puis qu'elle remonte iufques à
la fource de la glace qui la produit & confequemment au de
là des Cieux. Ie veux que l'air
rempliffe tout & que fa nature
immenfe ne fouffre point de
vuide en l'Vniuers. Le cœur de
l'hóme le porte bié plus haut, ne
pouuant

pouuant iamais trouuer le pain dans ſes deſirs ſi ſon Createur meſme, quoy que ſans meſure, n'eſt la meſure. Que le feu tou-ſiours auide & touſiours ambi-tieux eſchelle le Ciel en apparé-ce d'vne action continuelle par les inutiles efforts de ſes eſlans, la plus petite eſtincelle du feu de l'amour diuin dont l'homme peut eſtre embraſé, eſt ſi pure & ſi noble, qu'on ne ſçauroit conceuoir vn exemple de ſa per-fection. Ie veux que les Cieux diaphanes n'ayent point d'autre matiere que celle de leur forme, & qu'ils ſe rendent auſſi admi-rables dans leur ſimplicité, que dans leur courſe, touſiours ega-le, & touſiours continuelle, l'eſ-prit de l'homme eſt infiniment plus excellent en ſa nature, &

E

beaucoup plus noble encore en
ses actions, puis qu'il agit sans se
mouuoir, mais d'vne maniere si
diuine, que ses pensées le portent par tout sans le faire iamais
changer, ny de place, ny de lieu.
Que le Soleil encore tout merueilleux soit en soy-mesme, soit
en ses effets, ne produise en effet que des merueilles.

La raison de l'homme est vn rayon du Soleil de la diuinité.

Le Soleil de la raison, dont
l'hóme est illuminé, est tout miraculeux, puis qu'il n'agit que
diuinemét & d'vne maniere séblable. La vertu des autres crea-
ture vegetales & sensitiues est affectée inseparablemét au corps
de l'homme, comme materielle.

L'homme a des tiltres de noblesse où les Anges mesme ne peuuent pre-tendre.

De sorte qu'il contient dans vn
degré d'eminéce par dessus toutes les creatures du monde plus
de perfections luy seul, que tou-

tes enséble n'en ont iamais pof-
sedé. Et ie diray bié encore dauā-
tage; l'homme a des puiſſances
de diſpoſition pour s'eſleuer ſi
haut dans ſon humilité, que les
Anges feront au deſſous de luy.

Que ſi ie veux encore peſer
l'homme dans la balance de la
croix de ſon Sauueur, & le mettre aux prix de ſon ſang dont iſa
eſté rachepté ; quelle des creatures, ou pluſtoſt quel des Anges
lui oſera diſputer la preeminéce?

Grands Roys , fouuenez - vous
donc que vous eſtes hommes ; Mais
plus admirables en voſtre empi-
re que la mer en ſon eſtenduë.
Souuenez-vous que vous eſtes hom-
mes. Mais capables d'épurer l'air
d'vn feul fouſpir quoy que ce
fouſpir ne ſoit fait d'autre choſe.
Souuenez-vous que vous eſtes hōmes.

Si l'hommē
eſtoit enco-
re à vendre
qui le pour-
roit rache-
pter ce qu'il
a couſté ?

L'homme est plus que toutes choses dans le mespris qu'il en fait.

L'homme est vn abregé des merueilles des Cieux plustost que des miracles de la terre.

Mais mille fois & mille fois encore plus nobles que le feu, puis que les Seraphins bruslent incessamment des diuines flames dont vos cœurs peuuent estre embrasez. *Souuenez-vous que vous estes hommes.* Mais plus parfaits que les Cieux, puis qu'ils n'ont esté créez que pour verser sur vos testes leurs benignes influences. *Souuenez-vous que vous estes hommes.* Mais plus merueilleux sans comparaison que le Soleil, puis que vostre raison est vn diuin flambeau, qui ne peut souffrir iamais d'eclipse, que par l'opposition de vostre malice volontaire. *Souuenez-vous que vous estes hommes.* Mais destinez à commander à toutes les autres creatures animées. *Souuenez-vous enfin que vous estes hom-*

mes; Mais paitris de la main du
Tout puiſſant, formez à ſon image, & racheptez de ſon ſang; que
peut-on dire dauantage?

Iuſques à quel poinct de gloire m'auez vous donc eſleué,
mon doux Sauueur, en vous ra-
baiſſant iuſques à la ſepulture?
Apres m'auoir formé de terre
vous auez pris la meſme forme
pour me reſembler en toutes
choſes, vous, dis-ie, mon Dieu,
dont la grandeur infinie ne peut
ſouffrir l'admiration ſeulement
des Seraphins, qu'au trauers le
voile de leurs ſoubmiſſions ordinaires. Quel prodige de bonté! Faites donc, s'il vous plaiſt
Seigneur, que ie m'eſtime du
prix que vous m'auez rachepté,
& que de la ſorte ie ne viue plus
qu'en vous aymant pour mou-

Marginal notes:

Si l'homme en ſon ſouuent à la fin pour laquelle il a eſté creé, il trouuero t ſõ repos dans les inquietudes du monde.

Ceſte ſouueraine Maieſté que vous adorons ſoubs le nom de Dieu eſt incomprehenſible en toutes choſes

rir vn iour de mesme. Que ie sois humblement orgueilleux, afin que portant les traits de vostre ressemblance ie vous suiue tousiours, ne pouuant vous imiter: c'est dequoy ie vous prieray à toute heure iusques à ce que vous ayez exaucé mes vœux.

I'aduouë maintenant, ô Mercure Trismegiste, que tu as raisó de publier que l'homme est vn grand miracle, puis que Dieu mesme en a voulu espouser la condition, pour nous faire voir dans ses miseres les miracles de son amour.

La grãdeur de l'homme n'a ny bornes ny limites, puis que Dieu en est la fin.

Ie confesse Pythagore que tu n'a pas eu moins de suiet à soutenir que l'hóme estoit vn Dieu mortel, puis que hors de cette douce necessité qui l'assuiettit au tombeau, il a mille qualitez en

Quoy que l'homme meure sans cesse c'est vn vif portrait de l'immoralité.

luy toutes immortelles. I'euſſe
eſté à la fin de ton aduis Platon,
lors que tu preſchois par tout
que l'hóme eſtoit de la race des
Dieux, puis qu'vn ouurage & ſi
rare, & ſi parfait, ne pouuoit
ſortir que d'vne main Toute-
puiſſante, ie veux dire que ce
ruiſſeau d'admiration ne pouuoit proceder que d'vne ſource
adorable. Ie ſuis de ton opinion
Platon, & doreſnauant ie main-
tiendray par tout auec toy que
l'homme eſt l'abregé des merueilles du monde, puis que tout
l'vniuers enſemble n'a eſté creé
que pour ſon ſeruice & pour ſon
plaiſir. Diſons dauantage, que
toutes ces merueilles du monde
tant renommees ne ſont que
les œuures de ſes mains, & que
de la ſorte des actions de

Toutes les
creatures
ſont ado-
rables com
me effects
d'vne cauſe
ſouueraine
& inde pen-
dante, mais
l'homme a
des attri-
buts d'vne
gloire nom-
pareille.

E iiij

son esprit peuuent prendre leur
essor au dessus du Soleil, & au
delà des Cieux dans les fers mesme de sa seruitude.

Grands Roys, ie veux que
vous soyez vn portrait animé de
l'inconstance; la perfection de
vostre nature gist en ce deffaut
de vos armes, car cette vicissitude que Dieu a renduë inseparable de vostre condition est vne
pure grace de sa bonté, puis que
vous ne vieillissez que pour vo'
exempter peu à peu de la tyrannie des aages, puis que vous ne
mourez dis-ie à toute heure, que
pour acquerir l'immortalité où
son amour vous a destinez.

O heureuse inconstance! si en
changeant sans cesse nous nous
approchós du poinct de nostre
souueraine felicité, dót les fon-

demens font inébranlables. O
chere viciſſitude! ſi roulant ſans
interuale dans la poudre de noſtre origine, nous nous appro-
chons peu à peu de ces ſiecles de
gloire qui au de là du temps ſõt,
& qui marquent à noſtre fin, le
commencement de noſtre carriere. O glorieux treſpas! s'il ſe
termine à ce cruel inſtant qui
nous ſepare de l'immortalité.

Il eſt vray, ie le confeſſe encore grands Roys, que vous eſtes
ſuiets à tous les malheurs de vos
ſuiets, mais quel bon-heur ſi ces
infortunes font autant de differens chemins qui vous condui-
ſent au port. Ie veux que vous
ne ſoyez que pourriture en voſtre naiſſance, miſere en voſtre
vie & nouuelle infection en voſtre mort, toutes ces verités vous

font autant d'attributs d'honneur, puis que vous vous def-
poüillez de voftre fumier dans
la fepulture, pour vous parer des
ornemens de grace, de felicité
& de gloire, qui appartiennent
en propre à vos ames, comme
creées pour la poffeffion de tous
ces biens.

Qui pourroit mefurer la grandeur de l'homme fi celuy qui n'a
ny bornes, ny limites en a voulu
eftre luy mefme le compas? voulez-vous cognoiftre fon pouuoir, efcoutez le commandement que Iofué fait au Soleil de
s'arrefter au milieu de facarriere.
Voulez vous des tefmoins de fa
force, Safon vous prefente tous
les Philiftins enfemble enfeuelis
foubs les ruines du temple dôt il
fait écrouler les fondemés. De-

mandez-vous des asseuráces de
son courage, Iob vous en offre
tout autant qu'il a de playes sur
son corps. Enfin desirez-vous
des preuues de son bon-heur, le
Ciel a beaucoup moins d'estoil-
les que de felicitez à luy donner.
Quel nom luy attribuerons-
nous donc maintenant qui soit
capable de comprendre toute sa
gloire? Il n'en est point d'autre
que celuy d'homme, & Pilate a
beau le tourner en risée deuant
les Iuifs, il leur fait voir vn Dieu,
sous le visage d'vn homme.
Que le móde aussi expose ses miseres de l'homme en public, son
image de terre est tousiours animé d'vn esprit diuin qui ne peut
iamais changer de nature, on a
beau dechirer son escorce, le de-

dans eſt à l'eſpreuue des coups
de la fortune auſſi bien que des
atteintes de la mort. L'homme
de terre peut tourner en terre,
mais l'homme du Ciel s'enuole
touſiours dans les Cieux. Cet
homme dis-ie volage & incon-
ſtant, paitry & formé de pouſſiere, auec l'eau de ſes propres
larmes, ſe peut reſoudre en meſme matiere ; mais cet homme
ferme & conſtant creé d'vne
main toute puiſſante, demeure
inceſſamment le meſme, comme incapable d'alteration.

Eueillez-vous donc grands
Roys : non pas pour vous ſouuenir de la mort, mais pluſtoſt
pour vous repreſenter que vous
eſtes immortels, puis que la
mort n'a nulle ſorte d'empire
ſur vos ames qui ſont la plus

De quelque
nouuelle
eſcorce qu:
l'homme ſe
couure il
porte tou-
ſiours ſur le
front les
marques de
ſon Crea-
teur.

Qui penſe-
roit tou-
ſiours à l'e-
ternité on
acquerroit
ſans doute
la gloire.

grande, comme la plus noble
partie de vous mesmes.

Euelléz - vous donc grandes Mo-
narques, non pas pour songer
à cette necessité qui vous attire
à toute heure dans le tombeau;
mais pluftoft pour considerer
que vous vous en pouuez exempter, si vos actions sont aussi sa-
crées que vos Maiestés.

Grands Princes Eueillez-vous,
& permettez-moy encore vne
fois de vous ramenteuior que
vous estes hommes, ie veux dire
le chef-d'œuure des œuures de
Dieu, puis que ce diuin ouurier
s'eft à la fin luy-mefme meta-
morphose en son ouurage. Ma
plume ne sçauroit voler plus
haut.

L'homme
eft vn Thre-
for caché
d ont Dieu
feul fçait le
prix.

Ceux qui ont mis en auant
que l'homme eftoit vn nouueau

L'homme
seul sert
d'ornement
au monde.

monde ont trouué de beaux rapports & de grandes conuenáces de l'vn ; à l'autre pour le prouuer : Car la terre se trouue dans la matiere dont il est formé : l'eau dans ses larmes : l'air dans ses soupirs : le feu dás son amour : le Soleil dans sa raison : & les Cieux dans ses imaginations : mais la terre subsiste & il s'euanoüit. O le doux euanoüissement puis qu'il se perd en soymesme pour se trouuer en son Createur ! mais la terre demeure stable & sa poudre s'enuole. O l'heureux vol, puis que l'eternité en est la visée. Mais l'eau s'enfuit, elle rebrousse tousiours son chemin, & reuient sur ses pas, & l'homme au contraire assis sur le penchant de sa ruine, roulle insemsiblement sans in-

L'homme se
peut dire
heureux d'e-
stre suiet à
toute sorte
de malheurs.

teruale dans le tombeau qui luy
sett de prison. O la chere ruine!
ô la douce captiuité ! puis que
l'ame recouure sa franchise &
que cette sepulture ne sert que
de fournaise pour espurer son
corps. Mais quoy que l'air se
corrompd, il ne se destruit pas,
& la corruption de l'homme en
destruit la matiere. O glorieuse
destruction! puis qu'elle sert d'v-
ne nouuelle disposition pour le
rendre immortel. Mais le feu a
beau deuorer toutes choses, il se
conserue tousiours pour redui--
re en cendres tout le monde, &
l'homme se sent deuorer par le
temps sans pouuoir iamais luy
resister. O vtile impuissance! puis
qu'il trouue son trióphe dans sa
défaite. Mais le Soleil se fait tou-

La mort est
vne grace
plustost
qu'vne pei-
ne.

La felicité
de l'homme
en ce monde
ne consiste
qu'en la ne-
cessité de sa
mort.

fiours admirer dans fon efclat ordinaire, & la raifon de l'homme s'affoiblit dans le cours des aages. O agreable foibleffe! puis que le temps ne la ruine que de cholere, fçachant bien qu'elle va eftablir fon empire au de-là du temps & des fiecles. Mais enfin les Cieux ont beau vieillir en leur courfe vagabonde, ils paroiffent les mefmes auiourd'huy, qu'ils eftoient il y a mille ans. Et l'homme de moment en moment differe de luy mefme, & chafque inftant luy defrobe quelque chofe de fon eftre. O delicieufe inconftance! puis que tous fes changemens font autant de lignes qui aboutiffent au poinct de fa ftabilité.

Que la fable de Narciffe eft myftemyſterieuſe, Les Poëtes nous veulent perſuader qu'il deuint amoureux de luy-meſme en ſe mirant dans vne fontaine. Mais ie m'eſtonne qu'on puiſſe deuenir amoureux d'vn fumier, quoy qu'il ſoit couuert ou de neige, ou de fleurs. On ne ſçauroit former vn viſage ſans yeux, ſans nez, ny ſans bouche, & chacune de ces parties fait vn corps de miſere, & d'infection, comme en eſtant toutes pleines.

Cette fable nous veut repreſenter vne plus belle verité, puis qu'elle inuite l'homme de ſe mirer dans la fortune de ſes larmes, afin de deuenir amoureux de ſoy-meſme non pas de ces traits de pouſſiere & de cendre, dont ſon viſage eſt formé,

F

mais pluſtoſt de ces beautez &
de ces graces dont ſon ame eſt
ornée, & toutes enſemble ne
font qu'vn ruiſſeau qui le con-
duiſſent à l'admiration de la
ſource dont elles ont pris leur
origine.

Ô que Dauid eſtoit vn ſubtil
Narciſſe lors qu'il fit vn Miroir
de ſes pleurs pour deuenir a-
moureux de ſoy-meſme : Car
il s'aymoit ſi fort dans ſa repen-
tance, qu'il y paſſoit & les iours,
& les nuits, auec des delices
nompareilles.

Que ſi Narciſſe fit naufrage
dans la fontaine de ſon amour,
ce grand Roy fut ſur le point de
s'abiſmer dans la mer de ſes larmes, car ſa grace liquide le repreſentoit ſi beau qu'il bruſloit
du deſir de ſe noyer.

Mes Dames, mirez-vous dans ce Miroir, puis que vous estes si esclaues de l'amour propre. Vous voulez estre belles à quel prix que ce soit, en voycy le moyen. Le Miroir de vos larmes ne flatte point, contemplez-y dedans la beauté de cette grace que Dieu vous fait de pleurer vos vanitez, c'est le seul ornement qui vous peut rendre admirable. Tous ces Miroirs trompeurs que vous portez pendus à la ceinture ne vous representent que de feintes beautez dont l'artifice est l'ouurier, & la cause, plustost que vos visages. Seriez-vous idolatres de la terre que vous foulez ? Vos corps ne sont que de poussiere : Que si vous voulez qu'ils soient de chair, où trouueray-je des termes pour en exprimer la puanteur. Laissez à la mort sa conqueste, & aux vers leur heritage, & cherchez vous dans cette origine d'immortalité dont vostre ame procede, afin que vos effets se rapportent à la noblesse de cette cause, c'est le plus vtil conseil que ie vous sçaurois donner. Il est temps de finir ce Chapitre.

Grands Roys, ie vous sers de page ce matin, pour vous eueiller, & pour vous ramenteuoir que vous estes hommes, ie veux dire suiets à la mort & consequément destinez à seruir de proye aux vers, de ioüer aux vents, & de matiere pour former vn obiet d'horreur & d'estonnement à tous vos semblables. Songez vn peu que vostre vie se passe comme vn songe, pensez vn peu

que toutes vos penſées ſont vaines, & cóſiderez à meſme temps
comme le voſtre ſe paſſe & s'enfuit. Vous eſtes grands ; mais
pourtant cette neceſſité de mourir vous eſgale au plus petit de
vos ſuiets. Vos puiſſances ſont
redoutables ; mais vn ciron s'en
mocque. Vos richeſſes ſont ſans
nombre, mais le plus miſerable
des hommes en emporte au-
tant que vous dans le tombeau. Enfin tous les plaiſirs de
la vie ſont vne partie de la voſtre : mais ce ſont autant de
roſes, dont les eſpines vous demeurent dans cét inſtant de la
mort : l'horreur qui vous enuironne chaſſe vos grandeurs : la
foibleſſe qui vous poſſede rend
inutiles vos puiſſances abſoluë, & en la ſeule chemiſe qui

F iij

Les hõmes
ſont ſi pro-
ches parens
les vns des
autres que
tous portét
vn meſme
nom.

L'homme
n'a rien de
propre que
la miſere
où il eſt né.

vous reste sur le dos, sont compris tous les tresors de vos coffres. Ne sont-ce pas des veritez assez importantes pour interrompre vostre sommeil?

Ie vous eueille donc pour vous ramenteuoir vne derniere fois, *Que vous estes hommes*; mais destinez à occuper la place de ces mauuais Anges dont l'orgueil a creusé les abysmes de l'Enfer. *Que vous estes hommes*; mais beaucoup plus considerables par l'empire de vostre raison, que par celuy de vostre regne. *Que vous estes hommes*: mais capables d'acquerir toutes les felicitez du Ciel, si celles de la terre vous sont à mespris. *Que vous estes hommes*: mais appellez à l'heritage d'vne gloire eternelle si vous ne pretendez rien à celle du temps. *Que, vous estes hommes enfin* ; mais les images viuantes d'vn Infiny & d'vn Tout-puissant. Clairs ruisseaux d'immortalité remontez donc à vostre source eternelle. Beaux rayons d'vn Soleil sans eclipse, reioignez-vous donc au corps de sa celeste lumiere. Parfaits crayons de la Diuinité, vnissez-vous donc à elle mesme comme à la cause independáte de vostre estre. La terre a beau trembler sous vos pieds, vos volontez sont les clefs de la porte de ses abysmes : Que l'eau abysine encore tout, vos esperances ne sçauroient faire naufrage : Que l'air remplisse tout, il se trouue tousiours du vuide en vos desirs. Que le feu deuore tout,

Quoy que le corps & l'ame ensemble fassent l'homme, il y a autant de difference de l'vn à l'autre cóme du fourreau à l'espée.

Quoy que les puissances de l'ame n'agissent que par les sens, les effects en oc point sont plus nobles que la cause.

L'obiet de vos esperances est au dessus de ses flammes. Que les Cieux espandent en foule leurs malignes influences icy bas, vos ames sontàl'abry de leurs atteintes : Que le Soleil attirant les vapeurs en forme les foudres à voltre ruine, vous estes foubs la protectió de celuy qui en eslance les flammes. De forte qu'au lieu de vous nuire, tout vous fait hommage. La terre vous porte, l'eau vous defaltere, l'air vous fait respirer, le feu vous eschaufe, le Soleil vous esclaire, & le Ciel vous attend, les Anges vous honorent, les Demons vous craignent, la Nature vous obeit, & Dieu mesme se donne à vous pour vous obliger au reciproque : n'est-ce pas posse-

der par aduance toutes les felicitez que vous sçauriez esperer?
Ie vous deffie de souhaitter dauantage.

Eueille-toy donc Lecteur, &
que ta conscience & ta misere,
chacune à son tour te seruent de
page tous les matins pour te ramenteuoir que tu es homme, ie
veux dire vn portrait animé de
mort pluftoft que de vie, puis
que tu ne sçais rien faire que
mourir. Mais en mourant sans Le mourir
cesse dans la foule des maux & eft le propre de l'hô-
des peines qui sont affectées à ta me.
condition, considere aussi que
tu es creé pour posseder vne
eternité & de vie & de bon-
heur, & que tous ces biens in-
finis sont exposez comme vn
but d'honneur & de gloire aux

Que l'hom-
me est heu-
reux de le
pouuoir
estre autant
qu'il le de-
sire.

traits de ta volonté : Car si tu veux le Paradis est à toy, quoy que l'Enfer t'attende : le Ciel sera ton partage, ses delices ta succession, & Dieu seul ta souueraine felicité.

Saladin Dompteur de l'Asie faict crier a son de
trompe au milieu de son armee quil nemportoit en mourant
qu'une chemise pour recompense de toutes ses Victoires.

LE
MIROIR
QVI NE FLATTE
POINT.

CHAPITRE SECOND.

E SPRITS arrogans, cœurs ambitieux faites silence, & pretez l'oreille au cry public de cét Heraut, qui d'vne voix animée d'horreur, & deffroy, aussi bien que de compassion, & de verité, publie hautement à la veuë du Ciel & de la

L'horreur & la misere de la sepulture fait heriiser le poil aux plus orgueilleux.

Terre & en preſence d'vn monde de peuple. *Que ce grand Saladin
ſuperbe vainqueur de l'Aſie, & Monarque de tout l'Orient, n'emporte
dans le tombeau pour fruiĉt de ſes vi-
ĉtoires qu'vne ſeule chemiſe qui cou-
ure le fumier de ſon corps : Et que la
fortune encore ne luy laiſe ce morceau
de linge que pour le donner aux vers.*

Roys abſolus, puiſſances ſou-
ueraines que reſpondrés-vous à
ces diſcours, puis qu'ils s'addreſ-
ſent à vous? Ie me doubte bien
que la honte, la confuſion &
l'eſtonnement vous empeſchét,
& que la parole, l'obiet ſenſible
de vos propres malheurs vous
dóne la pieté pour vous arracher
mille ſouſpirs du ſein. Le plus
grand Monarque de la terre deuient tout à coup ſi petit qu'on
ne le trouue plus, nó pas meſme

dans ſes miſeres, car le vent commence deſ-ja d'emporter la poudre dont il eſtoit formé. Le plus
puiſſant Roy du monde eſt reduit à vn tel point de foibleſſe
qu'il ne ſçauroit reſiſter aux vers
apres auoir vaincu & ſubiugé les
nations entieres. Le plus riche
Prince de l'Orient tire vanité
auec tous ſes treſors d'emporter
vne ſeule chemiſe dans la ſepulture. Que pourrez-vous reſpondre à ces veritez?

Ce fameux Saladin l'effroy
des hommes, la valeur de la terre, & la merueille de l'Vniuers,
s'eſtime ſi heureux & ſi aduanta-
gé de la fortune, de ce qu'elle
luy laiſſe vn vieux haillon pour
couurir ſa pourriture, qu'il fait
publier cette faueur à ſon de
trompe au milieu de ſon armée,

affin que perſonne n'en puiſſe plus doubter; qu'elles peuuent eſtre vos pretentions. Ie veux que vous ſoyez auſſi comme Xerxes, ſur vn troſne tout d'or maſſif, couuert d'vn Ciel eſcla-tant en pierreries, & que de quel-que coſté que vous tourniez vos regards menaçans vous ne voyez que des obiects humiliez deuant vos maieſtez Royales, vous ne vous aſſiez iamais ſur ces trônes de magnificence que pour prendre congé de l'aſſem-blee continuant touſiours à faire vos derniers adieux, comme vn homme qui eſt ſur le poinct de partir à toute heure, puis qu'il meurt à tous momens. De ſor-te que toute cette pompe qui vous accompagne & qui fait l'ombre de cet eſclat dont vous

eſtes

eſtés enuironnez, s'eſuanouyt auec vous, & tous ceux qui en ſont les admirateurs & les Idolatres courant vn meſme ſort, eſtant de meſme nature.

Ie veux que le bruit de voſtre gloire ne ſouffre point de vuide non plus que l'air, & que voſtre nom ſoit auſſi cognu que le Soleil & le plus redoutable que la Foudre. Ce bruit de ronommée eſt vn ſon de cloche qui reſonne du bruit de ſa perte pour aduertir tous ceux qui en doubtent, & ce nom ſi fameux & ſi redoubté ne trouuant point de memoire icy bas à l'eſpreuue des ſiecles, s'enſeuelit à la fin luy meſme dans le neant de ſon origine.

Ie veux encore que tout l'or des Indes ne faſſe qu'vne partie de vo s richeſſes & que tous les hommes enſemble poſſedent moins de treſors que vous ſeuls, quel aduantage penſez-vous remporter ſur le plus miſerable du monde, pour en tirer vanité? Ne ioüit-il pas du meſme Soleil qui vous eſclaire? N'a-il pas le meſme vſage des elemens dont vous vous ſeruez? Que ſi vous auez par deſſus luy vn eſclat d'habits, & mille autres choſes inutiles qui ſont tout à fait étrá-geres à la vertu comme des biens imaginaires, dont la ſeu-le apparence eſt l'vnique fon-dement, il vous peut reſpondre auec Seneque, que de quelque couuerture que l'homme cou-ure la honte de ſa nudité, il paſſera pour bien veſtu deuant les Sages du ſiecle. Et venant au

poinct, vn homme a touſiours
aſſez dequoy pour ſuiure ſon
chemin & pour acheuer ſon
voyage, le ſurplus eſt vn fardeau
de ſoucis qui ſe metamorphoſét
en ronces lors que la mort nous
en veut décharger. D'aileurs les
richeſſes ne conſiſtent qu'en l'o-
pinion, quoy que leurs threſors
ſoient palpables & ſenſibles; Vn
homme eſt riche à l'eſgarl de ce
qu'il le croit eſtre, & quoy qu'il
n'ait rien du tout, cette grace
dont il eſt comblé de trouuer
ſon repos dans ſes miſeres, vaut
beaucoup plus que tout l'or du
monde.

Quelle difference penſez-
vous qu'il y ait entre les riches &
les pauures, les vns & les autres
ſont eſgalement pellerins &

voyageurs, tous enſemble vont
en vn meſme lieu : Que ſi les riches paſsét par le plus beau chemin , ils rencontrent en mourant toutes les eſpines des roſes
qu'ils ont foulees : on ne peut
aborder le port de la ſepulture
ſans eſtre agité toſt ou tard de
l'orage des malheurs qui nous
accompagnent ; & il me ſemble
que c'eſt vne cóſolation de ſouffrir de bonne heure , les maux
qu'on ne peut euiter.

Riches , que ie vous tiens miſe-
rables ſi les biens de la terre ſont
vos vniques treſors , *Riches* que
vous eſtes malheureux, ſi vos felicitez ne ſót que d'or & d'argét,
Riches, que vous faites pitié dans
vos grandeurs , ſi vous n'auez
d'autres tiltres que ceux de vos
Seigneuries. *Riches* , que non

seulement sont effroyables à l'heure de la mort, puis que la misere où vous estes nais, vous accompagne dans la sepulture.

Il est vray, que l'air de la region où vous habitez est fort temperé, que les saisons en sont belles, & les terres fertiles, mais vous ne considerez pas qu'en viuant vous souspirez tout cét air que vous respirez, que ce beau temps qui vous rit vous entraisne en fuyant à la saison des larmes, & que bien-tost le fumier de vos corps rendra toutes ces terres encore plus fertiles.

Les Riches du mode n'ont fait que passer auec les siecles qui les ont fait naistre. Vous estes nais en celuy-cy, celuy-cy méme s'en va & vous en ameine, auec tout le reste des hommes sans sçauoir

qui vous estes, ny de quelle façon vous estes vestus, vous auez
beau posseder vn nóbre infiny
de tresors, il faut tousiours marcher & se leuer aussi matin que
les autres ; que si vous faites les
paresseux & que vous dormiez
trop long-temps, lá mort vous
viét enfin esueiller & interrompre vôtre repos d'vne inquietu-
de eternelle, que direz vo⁹ à cela?
La fable de Midas comprend en
soy d'importantes verités. Apol-
lon luy accorde tout ce qu'il demande, il assouuit l'appetit de
son ambition démesurée par la
vertu qu'il donne à son attou-
chement de pouuoir conuertir
en or toutes choses. Le voila bié
riche pour vn iour, ses mains sót
de nouuelles pierres philoso-
phales qui font changer de na-

ture & de prix aux metaux les plus grossieres & les pl' impurs.

Il se voit entouré dans vn moment d'vn si grand nombre de tresors qu'il commence d'apprehender la ioüissance des biens qu'il desiroit auec tát de passion; & de la crainte, il vient à l'estonnemét lors que pressé de la faim toutes les viandes qu'il touche des mains, des levres, ou de la langue, se metamorphosent en Or. Estonnement inseparable d'vne douleur mortelle, causée d'vn séblable regret de n'auoir peu borner son ambition que au desir de sa perte.

Riches, vous estes des noueaux Midas, puis qu'auec tous vos tresors vous n'importunez iamais le Ciel d'autre chose que d'en augmenter le nóbre à quoy

G iiij

vous deftinez vos foings , vos
veilles, & vos trauaux, mais ne
faites plus des vœux, vous voila
enfin exaucez. L'efclat de vos richeffes m'efblouit, les grandeurs
& les magnificences font vne
partie de voftre tein , voyons
pourtant le reuers de la medaille.

A force de fouhaitter d'or &
d'argent leurs trefors vous demeurent pour affouuir par force en mourant l'appetit déreiglé
de l'ambition de voftre vie. Les
Richeffes, dis-ie, vous enuironnent de tous coftez apres les
auoir fi paffionnement fouhait-
tées : mais en ce dernier inftant
leur poffeffion eft le plus funefte
obiet qui fe peut prefenter à
vos penfees. Et toutesfois c'eft
la feule nourriture qui vous refte, dans la faim qui vous tour-

mente inceſſamment, comme ſi
pour punition d'vne partie de
vos crimes, le Ciel permettoit
que les inſtrumens de vos plaiſirs ſont ceux-là meſme de vos
ſupplices, conſiderant la grãdeur
de vos miſeres, par celle de vos
inutiles treſors. Car apres tout,
il faut mourir, & quoy que vous
emportiez auec vous ce deſir
d'emporter dans le tombeau
vos richeſſes, elles demeurent
dans vos coffres pour ſeruir de
témoins à vos heritiers de la vanité de leur ioüiſſance.

Les vers à ſoye qui ont tant de
peine à tirer des petits filets do-
rez de leur bouche, penſent s'éta-
blir vn abry d'hõneur à l'eſpreuue de toute ſorte d'atteintes : &
au cõtraire, ils ourdiſſẽt la trame
de leur ruine. De meſme en eſt-il

des riches du monde qui d'vne
induſtrie ingenieuſe employét
tous leurs efforts à ietter de ſoli-
des fondemens icy bas d'vne
vie immortelle, & toutes leurs
actiós ne ſe ſçauroient terminer
qu'à vne fin contraire à celle de
leurs deſſeins, puis qu'ils cherchent l'eternité dans les cercles
des âges touſiours roulans, & le
repos dans l'inſtabilité perpe-
tuelle de toutes les choſes du
móde: Tellement qu'ils ſe mettent en peine pour en ſouffrir
beaucoup, & tous leurs ſoins
& tous leurs trauaux ne ſont
que de nouuelles ſemences de
ſoucis, qui mourant dans leurs
iardins, renaiſſent dans leurs
ames pour ne mourir iamais.
Voila la fin de leur iournée.

Treſors à quoy me ſeruez-vous

s'il faut que i'entre tout nud dás la sepulture ? *Plaisirs* que deuien-nent vos douceurs, si mes der-niers souspirs ne sont qu'amer-tume ? *Grandeurs de la vie* à quoy m'estes vous propres, si vous ne pouuez m'exempter des miseres de la mort ?

Seigneur ie suis assez riche puis que ie sers d'obiect de pitié à vo-stre Prouidence adorable, dont la bonté trop liberale me four-nit tous les iours assez de nour-riture pour les passer. Que puis-je souhaiter dauátage ? De quel-que costé que ie préne mon che-min pour aller à la mort, ie ne sçaurois iamais perdre de veuë les Cieux qui sont les portes de vôtre Palais. De sorte que si quel-que chose me máque, ie n'ai qu'à y fraper de mes regards, vous e-stes tousiours aux escoutes pour

secourir les miserables. Vous
me secourez donc Seigneur, s'il
vous plaift, de vos charitez ordinaires , & puis que l'esperance
meurt apres moy, ie cesseray d'e-
ftre pluftoft , que d'esperer en
vous. Ce sont les plus fortes re-
solutions de mon ame.

On lit des Enfans d'Israël
qu'ayant reçeu de Dieu vne in-
finité de richesses à la sortie de la
mer rouge par le naufrage de
leurs ennemis, ils firent de leurs
tresors des idoles, & ioignant de
la sorte l'idolatrie à l'ingratitude, ils dresserent des autels à leur
brutalité , puis que sous le relief
d'vne befte brute ils represen-
toient leur Dieu.

Mais laissons - là les Enfans
d'Israel , & parlons des Peres de
Babylone , ie veux dire de ces

à la fin luy-mesme malheureux
pour auoir souhaitté trop ardé-
ment des felicitez qui n'en portent que le nom, & dont l'vsage
& la possession sont aussi dangereux sur la terre, que les escueils
dans la mer,

　　L'vn aura le cœur blessé &
l'ame attainte d'vn nouueau
trait d'ambitió, & comme tous
ses desirs & toutes ses pensées
se terminent à l'obiect de ses
desseins, il n'est iamais en santé
puis que la fievre de sa passion
est continuë. Ie vous laisse à
considerer de quel raisonne-
ment il peut estre capable durant la maladie de son esprit:
toutes sortes de chemins luy
semblent esgalemét beaux pour
le conduire au port où il aspire,
n'ayant point d'autre vizée que

celle d'acquerir à quel prix que
ce soit, le bien dont il est en-
queste, & c'est de ce bien dont il
fait son idole, apres auoir im-
molé honteusement les plus
beaux iours de sa vie aux soucis
de se posseder.

L'autre establira son repos
dans le tracas du monde, tour-
nant son esprit à tous vents pour
estre à l'abry des orages de la
fortune; aueugle il suit cette Deesse aux yeux bandez; volage,
il n'aspire qu'apres les faueurs de
cette Deité inconstante, dont
il est secretement idolatre, mais
si par hazard elle l'esleue bien
haut il n'y a plus de hasard en sa
cheute, les loix de cette necessité sont inuiolables, & l'on
n'en peut euiter la rigueur, si
l'on n'en euite la seruitude.
Telle-

Tellement qu'apres s'estre cher-
ché vn long-temps dans les grandeurs de la terre, il se retrouue
dans les miseres où il est né, sans
posseder rien de propre que l'v-
sage d'vne bouffée de vent, qui
entre vne derniere fois dans ses
entrailles, pour en arracher le
dernier souspir. Et ainsi il deuient victime de l'idole de ses passions, sans espurer toutes-fois
du sacrifice de sa vie, sa souilleu-
re des offrandes qu'il a faites sur
les autels de la vanité : voila la funeste issuë de ce Dedale où tant
de monde prend plaisir de s'es-
garer.

O que celuy là est riche, Seigneur, qui a vostre amour & vostre crainte pour thresor ! *O que
celuy là est heureux*, qui n'a pour
object de felecité que le mespris

de celles du monde. *O que celuy-
là est content*, qui pense toûjours
aux delices eternels. Auoir beaucoup de richesses pour cent ans,
n'est-ce pas posseder au bout du
terme vn bien qui n'a iamais esté?
Gouster auidamment les douceurs de toutes sortes de prosperitez durant le regne d'vne longue
vie, n'est-ce pas desia mourir peu
à peu du regret de les abandonner, puis qu'en fuyant elles nous
entraînent dans la sepulture? soû-
pirer continuellement de ioye en
la presence de mille plaisirs, n'est-
ce pas preparer dans son sein la
matiere d'autant de douleurs?
puis que chaque contentement
est vne disposition de martyre
par la priuation necessaire & infaillible de ses douceurs, dont
en les goustant il nous mena-

ce. Auoir enfin toutes choses
à souhait, n'est-ce pas posseder
toutes les choses inutiles, si le
monde n'a rien autre chose à
nous offrir ? Les richesses que
la Fortune donne & oste quand
elle veut ne sçauroient iamais
enrichir vn homme, il faut
qu'il recherche son tresor dans
les mines de sa conscience pour
la mettre à l'abry du temps ; car
autrement il court le mesme hazard de tous les biens qu'il possede, ie veux dire en se perdant,
de se perdre auec eux. Les prosperitez de la terre sont encore
de nouuelles fleurs du iardin,
belles à l'œil, & de bonne senteur, mais on a beau les cueillir
& en faire des bouquets, en les
tenant on ne tient rien, parce que
leur fragilité les rend si glissant

qu'elles s'eschappent & de nos yeux, & de nos mains, & quoy que leur fuite soit lente, vn seul iour en est la durée. Les plaisirs du monde sont de mesme natu-re, ie veux qu'ils ayent quelque chose agreable pour charmer nos sens, on n'oseroit se vanter de les posseder quoy qu'on en iouysse, d'autant qu'ils s'écou-lent & s'éuanoüissent sans cesse de nos yeux comme vn onde toûjours fuyarde, leur regne a de si courts limites que chaque mo-ment en peut estre le terme. Les solides contentemens ne se trou-uent que dans le Ciel, & l'vnique moyen toutesfois d'en gouster par auance les douceurs, c'est d'y penser continuellement : car ayant tousiours l'esprit arresté à la Meditation d'vn objet si de-

L'arriuée des plaisirs nous annôce tous-jours la ne-cessité de leur prompt depart.

licieux, nos penſées en attirent
par leur vertu celle de nous rauir
de ioye. Ie reuiens à ma premiere propoſition.

Que le plus grand Monar-
que du monde apres auoir poſſedé toutes choſes à ſouhait, &
mené mille fois la Fortune meſme en triomphe ſur les terres de
ſon Empire, ſe trouue enfin tout
nud en chemiſe au bout de ſa carriere, pour ſeruir de proye aux
vers, & de joüet aux vents; ſans
mentir il faut bien eſtre inſenſible pour n'eſtre pas touché de
l'effroy de ces veritez.

Grands Roys, ſi vous n'auez
d'autres mines d'or plus precieuſes que celles des Indes, vous
mourez auſſi pauures que vous
auez eſté en naiſſant, & comme
les larmes ont eſté les premiers

tesmoins de voftre mifere, les foufpirs feront les derniers de voftre pauureté, emportant ce regret dans la fepulture d'auoir poffedé toutes chofes, & vous trouuer en eftat de ne iouyr de rien.

Il ne faut rien preten-dre en terre pour acque-rir le Ciel.

Grands Roys, fi vous n'a-uez d'autres marques de fouue-raineté que celle de l'eftenduë de vos terres, le tribut que vos fujets vous rendront à la fin de la iournée fera bien petit, puis que les longs efpaces de voftre Empire feront limitez de fept pieds.

Grands Roys, fi vous n'auez d'autres trefors que ceux de la rente de vos domaines, tous les biens font faux, & le regret de leur priuation veritable. Que fi vous en doutez encore confulrez l'oracle muet des cendres de vos anceſtres, & la Verité vous reſpondra pour eux, qu'ils n'ont iamais eu rien de plus propre que la miſere, rien de plus ſenſible que les malheurs, & que de toutes les richeſſes dont ils ont iouy durant la vie, ils n'en ont peu acheter à l'heure de la mort que le ſuaire où ils ſont enuelopez.

Grands Roys, ſi vous n'auez d'autre pierre Philoſophale que celle de la conqueſte que peut faire voſtre valeur, toutes vos grandeurs & toutes vos richeſſes ſeront encloſes dans les bieres où vous ſerez enſeuelis: car tout ce que la Fortune vous donnera au iourd'huy, la mort vous l'oſtera demain, & le iour apres on vous peut mettre au râg des plus

H iiij

Les rentes du Domaine de la vertu ne ſont point ſuiettes à la Fortune.

La vraye valeur n'a pour obiect que la conqueſte des choſes eternelles.

miserables du monde , ie veux encore changer de ton.

Que cette passion d'amasser de tresors est vne maladie contagieuse en ce siecle où nous sommes, tout le monde veut estre riche, comme si le Paradis s'achetoit à deniers contans, & que le commerce de nostre salut fust vne banque publique, où le plus auare se rendist le plus heureux. Chacun fait parade de son acquis & de ses felicitez au poids de ses richesses , ne pouuant estre iamais content qu'à l'égal de ce qu'il est riche.

Celuy-là tirera vanité d'auoir dix mille arpens de bois dont le reuenu nourrit ses passions, & entretient ses plaisirs : tellement qu'il ne considere pas que ces arbres ne sont chargez que du fruit de ſes miſeres, & que de tous enſemble il n'emportera que la branche d'vn ſeul, qui ſeruira bien toſt de biere à ſa carcaſſe ; Voila en quoy conſiſte le profit de ſes rentes apres en auoir fait le conte.

Celuy-cy ne ſera riche qu'en prairies, & changeant ſon foin en or, qui n'eſt que terre, il en remplira ſes coffres : Mais le fol qu'il eſt, ne penſe pas que ſa vie eſt vn pré, que ſon corps en eſt le foin, le temps le faucheur, lequel à ſon exemple fait trafic public de la meſme marchandiſe, changeant peu à peu le foin de ſon corps en terre ; n'eſt-ce pas eſtre fin pour ſe tromper ?

L'vn ne ſera riche qu'en maiſons, ſoit aux champs, ſoit à la ville, & tirant vanité du nom-

On peut appeller l'hōme vn arbre, dont l'ame immortelle eſt la racine, & les fruits qu'il porte ſont de meſme nature ou pour la gloire, ou pour la peine.

Le monde eſt vn pré, & tous les

bre, aussi bien que de la magnificence de ses Palais, il croira que ce sont autant d'abris à l'espreuue des coups de la fortune, & des foudres du Ciel. Quelle folie de s'estimer heureux d'auoir diuerses Cabanes sur la terre pour se mettre à couuert & de la pluye, & du vent durant la courte iournée de la vie? La pluye cesse, le vent se passe, la vie meurt, & l'orage de mille regrets eternels le vient accueillir sans pouuoir iamais descourir de l'esperance seulement, vn port de salut. N'estre riche qu'en maisons, c'est estre riche en cheuaux de papier & de carte, où les petits enfans logent leurs petits soucis.

A quoy nous sert-il d'estre bien logez si chaque heure du iour

peut estre celle de nostre depart ?
On se met en peine de faire bâ-
tir des maisons de plaisance: mais
les plaisirs s'en vont, & nous
aussi , & ces maisons demeurent
pour tesmoins de nostre folie, &
pour des obiets sensibles de tristesse & de douleur dans cette
cruelle necessité où nous sommes reduits de les abandonner.
Il faut considerer qu'on est né
pour estre voyageurs & pelerins,
& que comme tels ont est contraint de marcher tousiours
droit au giste de la mort sans iamais s'arrester, & sans pouuoir
trouuer du repos dans le repos
mesme. A quoy donc tous ces
magnifiques Palais si la sepulture est nostre seule retraitte? A
quoy tout ce grand nombre de
maisons, si nous sommes tous-

iours en chemin, & toufiours en
action de terminer noftre voyage; O que celuy-là eft bien logé
qui loge fon efperance en Dieu,
& qui iette les fondemens de fa
demeure dans l'eternité. Vne
bonne confcience eft la plus riche
maifon qu'on fçauroit auoir.

L'autre aura tous les trefors
dans le grand nombre de fes na-
uires trafiquant à tous vents mal-
gré les orages & les tempeftes;
mais laiffons vn calme perpetuel à fes defirs, imaginons nous
comme luy qu'il pefchera auec
les rets de fa fortune, toutes les
perles de l'Ocean; Que peut-il
faire à la fin de fes danrées s'il
les troque? il n'en fçauroit tirer
que de la marchandife de mefme prix: s'il les vend, il ne fait
que changer de la terre blan-

Les orages de la fortune conduifent pluftoft au port que fa bonnaffe.

che espurée, auec de la iaune
que le Soleil purifie aussi dans
les mines: Que fera-t'il maintenant de cette nouuelle marchan-
dise ou de cét or, le voyla tous-
jours en peine de se descharger
de tant de fardeaux. Si l'or est
potable il s'en pourroit nourir
quelque temps : mais puis que
Midas ne l'a sceu faire dans la
fable, il n'en viendra pas à bout
dans la verité. Il faut donc qu'il
veille iour & nuict à la garde de
ses richesses, & il a beau faire sen-
tinelle, la mort les luy vient des-
rober, puis qu'en sortant du
monde elle les luy oste: Quelle
apparence que les tresors de la
mer puissent rendre vn homme riche, si la possession de
tout le monde ensemble ne le
sçauroit faire? Cent mille na-

uires font cent mille joüets du
vent, & cent mille objects de
naufrage. Ie veux qu'ils arri-
uent au Port, la vie de leur
maiftre eft toufiours parmy
les efcueils: car c'eft vn nouueau nauire qui ne fçauroit
prendre terre qu'au riuage de la
fepulture, Et ie vous laiffe à
penfer quel danger il peut
courre, fi l'orage de la paffion d'auarice l'y iette, les
moins clairs-voyans peuuent
preuoir fa perte, & les plus ju-
dicieux la croiront infaillible:
Voila enfin vn homme bien riche d'auoir voulu efpuifer par
fon ambition les abyfmes de
l'Ocean, & fe trouue au bout
de la carriere, dans ceux des Enfers, ayant vne eternité de maux
pour recompenfe d'vn fiecle de

peine qu'il a fouffertes durant fa vie.

Seigneur, fi ie veux eftre riche en bois, que ce foit en celuy de voftre Croix, & que fes fruicts d'orefnauant foient mes reuenus & mes rentes. Si ie veux trafiquer en prez, que la meditation du foin de ma vie en foit l'vnique profit. Si ie me mets à baftir des maifons, que ce foit pour mon ame, pluftoft que pour mon corps, & que de la forte mes bonnes œuures en foient les pierres, & la pureté de ma confcience le fondement. Et enfin fi ie veux courre les mers pour aller à la conquefte de leurs trefors, que mes larmes en foient les ondes, mes foufpirs les vents, & voftre feule grace l'vnique objet de mes richeffes.

Qui met fa confiance en Dieu eft le plus riche du monde quelque pauure qu'il foit.

Rendez-moy donc riche, Seigneur, s'il vous plaift, par le feul
mefpris de tous les trefors de la
terre. Et apprenez ce fecret langage à mon cœur de ne parler iamais que de vous en fes defirs,
d'autre que de vous-mefme en
fes efperances, puis que de vous
feul & en vous feul git le comble
de fa parfaite felicité, & de fon
fouuerain repos. Ne nous arre-
ftons pas en fi beau chemin.

Ie ne fçaurois comprendre le
deffein des efprits curieux qui
vont chercher la pierre Philofophale dans l'hofpital où vn
nombre infiny de leurs compagnons font morts du regret d'a-
uoir fi mal employé leur temps.
Ils mettent tout ce qu'ils ont à la
recherche de ce qui n'a iamais
efté, & bruflant du defir d'acquerir

querir du bien , ils reduifent le
leur en cendres , & leurs poulmons auffi, à force de fouffler
fans tirer d'autre recompenfe à
la fin de leurs trauaux, que celle
de cognoiftre leur folie ; mais le
Soleil fe couche, la chandelle s'e-
fteint, la mort tire le rideau ; le
lict de la fepulture eft preparé , il
faut entrer dedans à la fortie de
tant de peines inutiles ; à quoy
leur fert-il de cognoiftre qu'ils
font fous, s'ils n'ont plus le téps
d'eftre fages ?

Quelle cruelle maladie d'efprit de facrifier, & fon corps &
fon ame, dans vn funefte alam-
bic pour nourrir vne vaine ambition dont l'appetit déreglé ne
fe peut iamais affouuir ? N'eft-ce
pas prendre plaifir d'attifer le
feu qui nous confomme ? Brû-

L'Amour de
Dieu eft la
vraye pierre
Philofopha-
le, puis qu'a-
uec elle on
peut acque-
rir des tre-
fors eternels.

ler toufiours en ce monde du defir d'eftre riche, fans pouuoir rien acquerir, & brufler encore eternellement dans les Enfers fans pouuoir efteindre l'ardeur de ces flammes vengereffes; n'eft-ce pas ourdir foymefme la trame d'vn fort le plus malheureux qui fut iamais?

Mais tirons du neant la creation de cette pierre Philofophale, & faifons-en prefent aux cœurs les plus ambitieux. Ie veux que des miracles de leurs metamorphofes ils nous faffent voir les merueilles d'vne nouuelle galere d'argent, pareille à celle qui portoit Neron au Capitole. Ie veux qu'ils pendent au bout d'vne efguille, comme Semiramis le prix de vingt mil-

L'inclination au mefpris de la terre, eft vn prefage de la conquefte du Ciel.

lions d'or : Ie veux qu'à l'e-
xemple d'Atabalipa ils pauent
des sales de saphire : Ie veux
qu'en imitant Cyrus, ils en-
tourent leurs iardins de perches d'or : Ie veux que les Dryades de leurs fontaines soient de
mesme matiere, suiuant les magnificences de Cesar : Ie veux
qu'ils fassent eriger auec Pompée vn Amphiteatre tout couuert de lames d'or : Ie veux
qu'ils bâtissent vn Palais d'i-
uoire pour y faire loger vn autre Melaus, ou vn Louure de
cristal pour y receuoir vn nouueau Drusus : Ie veux encore
que ce Louure soit orné de buffets de perles pareils à ceux de
Scaurus, de coffres de mesme prix que celuy de Darius :
A quoy peut aboutir à la fin tout

Le monde est comparé fort à propos à la mer, puis que les orages en sont les mal-heurs, & les ondes fuyar-des tous les objets qu'on y admire.

cela ? quel doit eſtre le reuers de toutes ces medailles ; Le hâle du Temps & les rayons du Soleil ont fait fondre cette gallerie d'argent, ſes admirateurs ſe ſont éuanoüis auec ſon proprietaire : Rome meſme a couru vn pareil ſort, & quoy qu'elle ſubſiſte encore ce n'eſt que de nom ſeulement, ſes ruines portent aujourd'huy le deuil de la mort de ſa gloire. Cette Eguille ſi pretieuſe de Semiramis n'a peu s'exempter du treſpas, quoy qu'elle fuſt inanimée : Ie veux dire que dans ſon inſenſibilité, elle a receu des attaintes de cette viciſſitude, qui altere & deſtruit toutes choſes, puis qu'elle ne paroiſt plus à nos yeux. Toutes ces ſales pauées de ſaphirs n'ont fait que paſſer, quoy que

l'art les euſt enchaiſnées dans ſes
beaux ouurages : Elles ont eu
autrefois de l'eſclat comme le
Soleil, mais cét aſtre jaloux a refuſé à la fin ſa clarté à leur ruine
meſme, tellement qu'elles ſe ſont
éuanoüies dans l'obſcurité. Car
les jardins entourez de perches
d'or ont eu diuers printemps
comme les autres, pour les faire
renaiſtre : mais il n'a falu qu'vn
ſeul hyuer pour les faire mourir. Ces Dryades qui enrichiſ-
ſoient ces fontaines, ce ſont en-
fuyes ſur leurs ondes, & à peine
nous en reſte-il le ſouuenir. Ce
ſuperbe Amphiteatre de Pompée ne s'eſt peu eterniſer que
dans la memoire des hommes,
encore ne ſçait-on de quoy on
parle quand on parle de luy.
Ce Palais d'iuoire de Melaus

I iij

paſſe pour fable dans les hiſtoires , à force d'eſtre enſeuely dans les abyſmes du neant. Ce fameux Louure de criſtal ayāt eſté choqué par le temps, s'eſt rompu & brizé en tant de pieces que leur poudre ſeulement ne ſubſiſte que dans l'idée confuſe des choſes qui ont eſté autrefois. Tous ces buffets de perles, & tous ces coffres de ſi grand prix ont paru comme vn eſclair , mais la foudre de l'inconſtance les a reduits en cendres, & leur memoire ne ſe conſerue dans la noſtre que comme celle d'vn ſonge , puis qu'en effet ce n'eſt plus rien du tout.

Que ſi les precieuſes merueilles des ſiecles paſſez n'ont fait que paſſer auec leurs admirateurs & leurs proprietaires, n'eſt-

il pas croyable que ces riches
auares couroient vn mesme sort
auec tous les tresors de cette
pierre Philosophale? & au bout
de leur carriere, quelle deuise
pourroient-ils prendre que celle-là mesme de Saladin, puisque
de toutes leurs richesses il ne
leur resteroit en mourant que
celle d'vne chemise? *I'ay esté,* dit
ce grand Monarque, *& voylà*
tout.

Quoy! riches du monde, prenez vous tant de peine à establir
vostre gloire icy bas pour nous
persuader à la fin de la iournée
que vous auez esté seulement?
vn atome a le mesme aduantage: Car cette puissance Creatrice
que nous adorons apres l'auoir
tiré des abysmes du neant où
vous estiez enseuelis, le faict

Il n'est rien d'asseuré dãs le monde que son incon-stance perpe-tuelle.

Fui & ni-hil am-plius.

subsister en la nature. Ie veux que vous ayez esté le plus grand de la terre, la belle lumiere de vos iours s'est esteinte pour iamais : le Soleil de vostre gloire s'est éclipsé dans vn Occident eternel, & le sort mesme qui ourdissoit la trame de vos grandeurs auec celle de vos vies, gît dans le tombeau de vos cendres, pour nous faire voir que ce sont les seules reliques profanes que vostre ambition nous a pû laisser.

Vous auez donc esté autrefois le seul fauory de la Fortune, aussi bien que Demetrius. Mais vous & luy n'estes plus rien maintenant, non pas mesme vne poignée de cendre : Car à moins d'vne puissance infinie on ne sçauroit reünir en vn

corps les brins de la poudre dont
vos carcaſſes eſtoient formées.
Voila en quoy conſiſte auiour-
d'huy le fondement de voſtre
gloire paſſée.

Vous auez donc eſté autrefois de meſme que Saladin, le
ſeul Monarque de l'Orient, &
auez poſſedé comme luy des
treſors ſans nombre, & des honneurs ſans exemples : Mais comme luy auſſi vous n'auez fait que
paſſer , & comme luy encore
vous n'auez ſceu cacher voſtre
pauureté que ſous vn morceau
de linge dont les vers ſe ſont re-
pus pour la faire voir à tout le
monde.

Enfin vous auez eſté autresfois la merueille de nos iours,
mais vous eſtes l'horreur de celuy-cy : car la ſeule penſée du fu-

mier de vos cendres m'infecte l'esprit tant ie l'ay delicat, & ie laisse le deffi aux incredules d'en vouloir estre plus forts tesmoins. Mais donnons des adjournemens personnels, & ne troublons point le repos des Cimetieres.

Celuy qui s'estime riche & heureux en ce monde ne cognoist pas la nature de son bonheur ny de ses richesses.

Ie veux que vous soyez en ce mesme instant que ie vous parle, & si riches, & si heureux, que vous ne sçachiez plus que souhaitter de la fortune : & que de la sorte elle-mesme se trouue en estat de n'auoir plus rien à vous offrir, si faut-il que vous consideriez, où vous estes, qui vous estes, & quels sont les biens que vous possedez : vous estes dans le monde, où toutes choses s'enfuyent, & c'est en fuyant que vous lisez ces veritez. Ie veux dire que vous habitez la

mefme terre dont vous eftes formez, & confequemment que
vous logez fur vos fepultures,
dont les portes s'ouurent à tous
momens. De dire qui vous eftes,
ie fuis honteux en vous appellant
de vos noms propres, de vous ramenteuoir vos miferes. La corruption vous conçoit, l'horreur
vous enfante, le fang vous nourrit, & l'infection vous accompagne dans la biere. Les trefors
dont vous ioüiffez ne font que
des chimeres de grandeur, & que
des fantofmes de gloire, dont en
viuant vous faites l'efpreuue, &
dont en mourant vous cognoif-
fez la verité.

A quoy vous peuuent donc
feruir vos felicitéz prefentes, fi
prefentement vous n'en ioüiffez pas? Car en ce mefme inftant

Il n'eft rien
de prefent
que nos mi-
feres, parce
qu'en tour
temps nous
fommes mi-
ferables.

vn autre qui vient de paſſer vous
en a deſrobé vne partie, & celuy-cy meſme en vous aduer-
tiſſant du larrecin de ſes compagnons ne laiſſe pas de vous voler auſſi bien qu'eux : & comme tous enſemble en veulent à
vos vies, de meſme qu'à vos
contentements , en rauiſſant
ceux-cy , ils entraînent les autres. Or quelle apparence de
vous eſtimer heureux pour des
felicitez paſſées, & dont vous
n'auez ioüy qu'en mourant: Que
ſi la condition vous en eſt agreable, il faut touſiours s'arreſter
au bout de la carriere. Et c'eſt
là où ie vous attends pour contribuer à vos regrets inutiles autant de ſentimens de pieté. Pre-
nons vne autre route ſans nous
eſgarer.

Que cette fameuſe Reyne
d'Egypte eſtoit ingenieuſe à
deceuoir de bonne grace ſon
amant. Elle faiſoit attacher des
poiſſons morts à l'ameçon d'An-
toine toutes les fois que l'enuie
luy prenoit de peſcher, affin de
luy donner du plaiſir par ces
agréables tromperies. Ne pouuons - nous pas dire que l'ambition en fait de meſme ? car lors
que nous voulons ietter nos
ameçons dans ce vaſte Ocean
de vanitez du monde, nous ne
peſchons que des choſes mortes, ou pluſtoſt inanimées, dont
la conqueſte ne vaut pas vn moment de tout le temps que nous
employons à la faire.

Quand i'aurois toutes les plus
belles charges du monde char-
gées ſur mon dos, ie veux dire

Que c'eſt eſtre vn heureux peſcheur de peſcher dans les larmes de ſõ repentir, le bien de ſa grace.

Il ne faut ia-
mais auoir
de la paſſion
pour les biẽs
qu'on peut
perdre, & la
fortune n'en
a point d'au-
tres à nous
donner.

quand i'aurois acquis tous les
honneurs dont la fortune peut
chatoüiller vne ame ambitieuſe,
en ſerois-je plus grand de corps?
ma ſaiſon de croiſtre eſt paſſée :
en aurois-je l'eſprit plus excellent? ces objets ſont trop foibles
pour annoblir ſa puiſſance : en
deuiendrois-je plus vertueux? la
vertu ne cherche point de ſatis-
faction hors d'elle meſme : en
ſerois-je plus eſtimé du monde?
c'eſt vne gloire de vent qui ne
fait que paſſer ; Quel bon-heur,
quel contentement ou quelle
vtilité m'en reſteroit-il ? donc
pour me mettre en repos, il faut
ſe détromper. Tous les honneurs ne peuuent eſtre qu'à char-
ge à vne ame innocente, d'autant
que ce ſont de continuels objets
de vanité qui eſmeuuent ſes

paſſions, & qui leur ſeruent d'a-
liment dans leur violence pour
les porter à toute ſorte d'extre-
mitez. Et apres tout cette neceſſité de mourir, qui fait vn accident inſeparable en noſtre condition, ternit l'eſclat de toute cette vaine gloire qui nous enuironne. On n'oze ſonger dans
les miſeres de la mort, aux grandeurs de la vie, & comme on
eſt touſiours ſur le point de partir, on ſe trouue ſouuent affligé
de ces biens qu'on poſſede, on
meſure déja la profondeur de la
cheute, par la hauteur du lieu
où l'on eſt eſleué.

Celuy qui trouua à ſa porte
la Fortune, ne trouua point de
clou pour arreſter ſa roüe: mais
ſi d'vn coſté elle ſe plaiſt à rui-
ner des Empires, à deſtruire des

Que c'eſt vn
ſouuenir im-
portun que
celuy de no-
ſtre gloire
paſſée.

Galba.

Royaumes, & à faire precipiter
ses fauoris. La mort d'vn autre
ne pardonne à personne, elle altere le temperamment de toute
sorte d'humeurs, peruertit l'or-
dre de toute sorte d'habitudes, &
non contente encore d'abatre
tous ces grands coloßes de vanité qui veulent paßer pour merueille dans le monde, elle appelle au partage de leur ruine les elemens, affin d'en enseuelir la matiere dans ses premiers abysmes,
où elle a marqué la place de leur
tombeau.

Toutes choses se paßent, & en paßant elles nous font signe que nous courons vn mesme sort.

Que peut-on donc trouuer
de constant dans le monde, si la
Constance n'y est pas ? le temps,
la fortune, la mort, nos paßions,
& mille autres pierres d'acho-
pements ne nous parleront iamais que de nos miseres, &
nous

nous souffrirons auec Alexandre qu'on nous appelle immortels. Nos prosperitez, nos grandeurs & nos delices mesmes, nous diront en passant le mot à l'oreille, qu'il ne s'y faut pas fier, & pourtant nous ne soûpirerons iamais qu'apres elles. Ce sera donc à la fin du regret d'auoir ietté au vent tant de vains soûpirs pour des chimeres de douceur, dont le souuenir ne peut estre que plein d'amertume.

Vains honneurs du monde ne me tentez plus, vos appas sont puissans; mais trop foibles pour me vaincre. Ie me mocque de vos couronnes de lauriers, il en croist plus dans mon jardin, que vous ne m'en sçauriez donner. Si vous m'offrez de l'estime

Il n'y a point de plaisir à posseder des biens qu'on peut perdre à toute heure.

K

& de la reputation parmy les hommes ; que voulez-vous que ie face de ces prefens, le temps en deuore tous les iours de femblables & de plus precieux encore, ie mefprife tous les biens qu'il me peut ofter.

Trompeufes grandeurs de la terre, ceffez de me pourfuiure, vous ne m'attaindrez iamais, vos charmes ont donné quelque attainte à mon cœur: mais non pas à mon ame, vos douceurs ont touché mes fens; mais non pas mon efprit. Qu'a-uez-vous à m'offrir, qui me puiffe fatisfaire, le temps & la fortune vous preftent tous les Sceptres, & toutes les Couronnes que vous loüez, & comme vous n'en eftes pas les proprietaires, ils les oftent quand ils veu-

Les grandeurs font de beaux habits de balet, on ne fe fert & des vns & des autres qu'vn moment.

lent, & non pas quand il vous plaift. Or ie ne veux pas des Sceptres pour vne heure ny des Couronnes pour vn iour, fi i'ay enuie de regner, c'eft au delà du temps, affin d'eftre à l'abry de l'inconftance des fiecles. Ne vous ennuyez pas de me fuiure.

Ce monde eft vne maffe de bouë, fur laquelle on peut marquer toute forte de caracteres, mais non pas empefcher que le temps n'en efface les traits à toute heure. Efprits ambicieux vous auez beau faire le crayon de vos deffeins fur cette toile d'attente, les ans effacent tout, les fiecles emportent tout, & le fouuenir de vos folies n'eft immortel que dans vos ames, par le regret eternel qui vous en demeure.

Scipion fit dessein de conquerir Carthage , & apres en auoir jetté le projet sur la terre, il prit le corps de cette ombre pour voir les effets de ses desirs: mais ne peut-on pas dire maintenant que les trophées de sa valeur ont esté iettez en relief dans cette masse de bouë, dont le monde est composé, puis que toutes les marques en sont effacées. Carthage mesme , quoy qu'elle n'eut point de vie, n'a peu esuiter sa mort. Le temps l'a enseuelie si profond sous ses ruines, qu'on cherche inutilement la place de son tombeau, ie vous laisse à penser si son vainqueur a peu resister aux efforts de cette tyrannie.

Si Alexandre eust enuoyé ses pensées dans le Ciel pour y

chercher vn nouueau monde, aussi bien que ses desirs dans la terre pour l'y trouuer, il n'eust pas perdu son temps : mais comme il s'amusoit à grauer l'histoire de son ambition, & celle de ses triomphes sur la mesme masse de bouë qu'il auoit conquise, il escriuoit sur l'onde, tous les caracteres en sont effacez. Les Royaumes qu'il a conquis, ont perdu iusques à leur nom, & du Triomphant il ne nous en reste que l'idee d'vn songe, puis qu'on demande tous les iours des cautions à sa memoire des merueilles qu'elle nous presche de luy.

Ne faut-il pas encor aduoüer que de toutes les conditions où l'homme peut estre esleué sans l'ayde de la vertu, ou par

Il y a bien plus de gloire à mespriser le monde qu'à le conquerir, parce qu'apres l'auoir conquis, on n'en sçait que faire.

la nature, ou par la fortune, il n'en est point de plus malheureuse que celle de fauory, ny de plus miserable que celle de grand. Cette inconstante Deesse a mille faueurs à prester, & rien à donner que des licols, des poignards, du poison & des precipices. Il fait beau voir Annibal mandier son pain à la veuë de Scipion, apres auoir disputé le prix de l'Empire du monde: n'est-ce pas vn obiect digne de compassion de considerer Nicias à genoux deuant Gilipus pour luy demander la vie auec celle des Atheniens, apres auoir commandé aux vents sur la mer, & à la fortune sur la terre, dans vn regne souuerainement absolu. Qui n'aura les mesmes sentimens de pitié en lisant l'histoi-

te de Craſſus lors que par vn excez de malheur il ſuruit & à ſa
gloire & à ſa reputation, eſtant
contraint d'aſſiſter aux funerailles de ſa renommée, & de ſubir
la loy de ſes ennemis, en attendant que la mort le titre de ſerui-
tude ? N'aurez-vous point de regret de voir eſclaue ſous la tyrannie des Roys d'Egypte, ce grand
Ageſilaus dont la valeur eſtoit
la ſeule merueille de ſon ſiecle ?
Que direz vous du ſort deplorable de Cumenes à qui la fortune
ayant offert ſi ſouuent des Empires, ne luy donne à la fin que des
chaiſnes pour mourir en captiuité ?

Vous voyez à quel prix on a-
chete les faueurs de cette Deeſſe, ſi
la bonté d'vne vie heureuſe pro-

Tous ceux qui ſuiuent la fortune ſe plaiſent d'eſtre trompez, puis qu'ils cognoiſſent ſes trompe-ries.

K iiij

duit l'orage d'vne mort infortu-
née, vous pouuez iuger auſſi à
meſme temps de quelle nature ſont les grandeurs. Si le plus
grand au leuer du Soleil ſe trouue à la fin du iour le plus miſerable. Ie veux que la fortune
ne s'en meſle pas, à quelle extremité de miſere penſez-vous
qu'vn homme ſe trouue reduit à
l'heure de ſon depart ? Toutes
ces grandeurs, quoy que pre-
ſentes, ſont comme des felicitez paſſees, il ne iouyt plus des
biens qu'il poſſede, les douleurs
tant ſeulement luy appartiennent en propre, & de quelque
magnificence qu'il ſoit enui-
ronné, cet objeſt ne porte plus
l'image que d'vne pompe funebre. Son lict eſt déja pris pour la
ſepulture, & les draps pour le

Ie ne m'e-
ſtonne pas ſi
les riches
ont peur de
la mort, puis
qu'elle leur
paroiſt plus
effroyable
qu'à tout le
reſte du
monde.

fuaire où il doit eſtre enuelopé.
De ſorte que s'il croit encore
d'eſtre grand ce n'eſt qu'en miſeres, puis que tout ce qu'il void,
tout ce qu'il entend, tout ce
qu'il touche, tout ce qu'il flai-
re, & tout ce qu'il gouſte ne luy
perſuade ſenſiblement autre choſe.

Faites reſſuſciter dans nos penſées Alexandre, & reduiſez-le à
meſme temps aux abois, puis
conſiderez-le en cét eſtat deplorable où il ſe trouue reduit ſur
ſa funeſte couche; A quoy luy
peuuent ſeruir toutes les grandeurs de ſa vie paſſée, ſi elles
ſont paſſées auec elle ? Ie veux
que toute la terre ſoit à luy;
vous voyez comme le petit fardeau de celle de ſon corps, peſe
ſi fort à ſon ame, qu'elle eſt ſur

le point de succomber sous le faix. Ie veux que toute la gloire du monde luy appartienne en propre, il ne ioüyt de rien que de ses miseres. Ie veux encore que tous les hommes ensemble soient ses sujets, cette souueraineté absolüe ne l'exempte pas de la seruitude de ses peines. Ie veux que du seul bruit de sa parole, il face trembler la terre, il ne laisse pas de trembler luy-mesme au bruit de ses derniers soûpirs. Ie veux enfin que tous les Roys du monde luy rendent homma-ge, il est tousiours tributaire de la mort.

O Grandeurs, puis que vous fuyez sans cesse, qu'estes-vous autre chose qu'vn peu de vent? & serois-je idolatre d'vn peu d'air agité & qui ne se meut que pour s'éuanouïr dans son repos.

O *Grandeurs*, puis que vous ne
faites que passer, quel nom vous
donnerois-je que celuy d'vn songe? Hé quoy passerois-je ma vie
à voftre suitte, en songeant tous-
jours?

O *Grandeurs*, puis que vous di-
tes adieu a tout le móde sans vous
pouuoir arrefter vn seul moment,
adieu donc, vos appas n'en ont
point pour moy: vos douceurs
font ameres à mon gouft, & vos
plaisirs ne m'en sçauroient donner. Ie ne sçaurois courir apres
ce qui fuit: Ie ne puis auoir de
l'amour pour les chofes qui se
paffent: Et comme le monde n'en
a point d'autres, il y a long-temps
que i'ay dit adieu à luy-mefme.
Il m'auoit beaucoup promis, &
quoy qu'il ne m'ait rien donné

Les Gran-
deurs du
monde font
des babioles
d'enfans tout
homme fage
les mefprife.

ie n'ay rien à luy reprocher me trouuant encore trop riche de son auarice. Me voicy déja de retour.

Les hommes du monde nous veulent persuader qu'il est impossible d'y trouuer le repos, c'est à dire, vne ferme assiette d'esprit où l'on puisse estre content dans sa condition sans souhaitter iamais autre chose. Et de moy ie iuge qu'il n'est rien de si aisé si l'on veut laisser à la raison sa puissance absoluë. Quelle impossibilité y peut il auoir à regler ses volontez à celle de Dieu? Et quelle contradiction à viure sur la terre des pures benedictions du Ciel? Quelle plus grande richesse sçauroit souhaitter vn homme que celle de pouuoir subir les loix de son sort sans murmurer,

Le seul moyen d'estre content c'est de mettre sa conscience en repos.

ny fans fe plaindre. Si les richeffes
ne confiftoient qu'en or, qu'en
diamans, qu'en perles, ou qu'en
autres chofes de mefme prix,
ceux qui n'en ont pas fe pour-
roient dire miferables: Mais chacun porte auec foy fon threfor
dans fa confcience. Qui vit fans
reproche vit heureufement ; &
qui fe pourroit plaindre d'vne
vie heureufe?

Que fi pour rencontrer ces
felicitez dans la vie, on iuge
maintenant qu'il y faille trouuer auffi de neceffité vn grand
nombre de richeffes, c'eft fe rendre efclaue de fon opinion,
abonder en fon propre fens, &
condamner la raifon pour eftre
d'vn party contraire. Ie fçay bien
qu'on eft porté naturellement
à s'aymer foy-mefme, plus que

Les richeffes
font vtiles à
la vie, mais
non pas ne-
ceffaires, car
fans elles on
peut viure
content.

toutes les choſes du monde, &
que cét amour procede de la
paſſion de nos intereſts, recherchant auec beaucoup de ſoin,
& autant de peine, tout ce qui
peut contribuer à nos contentemens ; & comme les richeſſes
ſemblent en eſtre les nourrices
ont peut tirer cette conſequen-
ce, que ſans elles on ne ſçauroit
viure en repos. Mais d'abord il
eſt neceſſaire de diſtinguer cét
amour en naturelle & en brutale, & croire qu'auec la lumiere
de la raiſon nous pouuons eſpu-
rer les ſentimens de la premiere
iuſques au poinct de les rendre
innocens ſans nous departir de
nos intereſts, & conſequem-
ment de la recherche de nos plaiſirs, leur donnant pour obiect
l'eſtabliſſement de noſtre repos,

dans le mefpris de toutes les chofes du monde qui le peuuent deftruire.

Pour cette amour brutale,
qui en nous efloignant de Dieu,
nous fepare de nous mefme,
la paffion en deuient fi forte
par noftre foibleffe , que fans
vne grace toute particuliere,
nous vieilliffons dans cette maladie d'efprit de contenter nos
fens pluftoft qu'obeïr à noftre
raifon faifant vn nouueau Dieu
des threfors de la terre : Mais à
la fin ces Dieux abandonnent
nos corps aux vers, & nos
ames aux demons, & pour toute richeffe les plus grands ne peuuent achepter qu'vne fuperbe
fepulture. N'eft-ce pas vn grand
aduantage & vne belle confola-
tion ?

Soûtenons hardiment qu'on peut trouuer le repos de la vie en toute forte de conditions auec la feule richeffe d'vn efprit docile, & refigné à prendre le temps comme il vient, & comme Dieu l'enuoye, fans raifonner iamais auec fa Prouidence. Il n'eft point d'affliction dont noftre efprit ne nous puiffe donner le foulagement : il n'eft point de mal dont luy-mefme ne foit capable de nous fournir le remede. Vn homme, quelque miferable qu'il foit, peut trouuer fon contentement dans fes miferes, s'il vit pour fon ame, plûtoft que pour fon corps. Dieu nous fait naiftre où il veut, & de quels parens qu'il luy plaift : fi la pauureté de la naiffance nous accompagne iufques

ques à la mort il l'a ainsi ordon-
né; que pouuons-nous faire autre chose que de le laisser faire?
se peut on dire mal-heureux en
obeïssant de bonne grace à ses
souuerains decrets.

O qu'il est bien plus aisé de
porter le fardeau d'vne grande
pauureté que celuy d'vn nombre infiny de richesses : car vn
homme extremément pauure
ne pense iamais à rien de plus
importāt qu'à trouuer le moyen
de passer sa vie dans les auste-
ritez où il est desia habitué, sans
enuie d'autre fortune, comme
éloignée également & de sa cognoissance, & de son pouuoir,
en quoy il se peut dire heureux:
Mais vn homme grandement
riche ne songe qu'à eterniser la
durée de ses iours, quoy que le

On court
bien plus de
hazard d'e-
stre grande-
ment riche
que grande-
ment pauure,
parce qu'on
s'égare dans
les richesses,
& l'on se re-
trouue toû-
jours dans la
pauureté.

L

songe en soit inutile, au lieu de les laisser escouler en repos, de sorte que n'estant point capable de passion que pour aymer la vie, il pense tousiours à viure & iamais à mourir; Mais la mort vient sans y penser; & luy ostant tout iusques à la chemise, le contraint de confesser dans les abois que les richesses ne sont vtiles que pour les mespriser, puis que par le mespris qu'on en fait, on peut deuenir le plus riche du monde.

O que c'est vn sensible plaisir d'estre bien riche, disent toûjours les hommes du monde! mais ie voudrois sçauoir en quoy consiste ce contentement: quelle satisfaction peut on auoir de posseder beaucoup de thresors, sçachant qu'vn nombre

infiny de nos compagnons font
reduits à vn dernier poinct de
pauureté? Les vns dans l'hofpital, où ils gifent fur la paille
accablés de mille nouuelles douleurs. Les autres à vn coing
de ruë où vn morceau de fumier leur fert à tous à la fois &
de lict, & de maifon. Ceux-là
dans des cachots où l'horreur
& l'effroy, la faim & le defef-
poir tyrannifent égalemét leurs
ames infortunées ; & ceux-cy
dans quelque defert où le malheur les aura exilez pour rendre leurs maux fans remede,
comme efloigné de toute forte de fecours. Quoy! auec la cognoiffance de ces veritez, on
pourra goufter auidement les
vaines douceurs des richeffes
du monde, il faut manquer ou

Il n'eft point de vuide en la nature: car les miferes rempliffent tout,

de raiſon, ou de pitié, conſe-
quemment eſtre tout à fait bru-
tal, ou tout à fait inſenſible.
J'auray cent mille eſcus de rente, & tout ce reuenu ne ſeruira
qu'à nourrir mon corps, & ſes
plaiſirs, ſans conſiderer que cent
mille ames ſouſpirent tous les
iours ſous le peſant fardeau de
leurs miſeres; & l'on m'eſti-
mera heureux pour eſtre riche
de la ſorte. O que les threſors
qui produiſent ces felicitez ſont
dangereux!

Eſt-il poſſible que les Grands
du monde ne penſent pas au milieu de leurs feſtins à l'extréme
pauureté d'vn nombre infiny de
perſonnes, & qu'en eux meſmes
ils ne raiſonnent ſecrettemét de
la ſorte. Quoy en cét inſtant où
nous aſſouuiſſons l'apetit de nos

fens, de tout ce que la nature a
produit de delicieux pour leur
entretien, vn million d'ames &
beaucoup plus encore font re-
duites à cette extremité de mifere , de n'auoir pas vne feule
miette de pain ? Et en cette fe-
rieufe penfée, quel gouft peuuent ils trouuer dans les viandes
les mieux appreftées dans quelque douce fauce , cette importante confideration ne mefle-
t'elle pas vn peu d'amertume ?
que fi leurs efprits s'eflongnent
de ces meditations, & qu'ils s'at-
tachent à des objets plus agrea-
bles, mais moins vtiles , O que
le deffert de leurs feftins eft de
dure digeftion ! Qui ne fçait aymer fon prochain n'a point d'a-
mour pour foy-mefme.

Sans mentir toutes les fois que Tout eft
égallement

L iij

ie considere dans la condition exempte de necessité, où Dieu m'a fait naistre, & où sa bonté encore, qui n'est autre chose que luy-mesme, me fait viure, la misere où la plus grande partie du monde est reduit, ie ne puis iamais me lasser de benir cette Prouidence adorable qui me fait voir du port la tourmente dont tant d'esprits sont agitez. Quelle grace pour moy seul, ce me semble, toute extraordinaire de me voir à l'abry de tant de maux, dont tant de personnes sont affligées. Par quel moyen ay-ie peu meriter auant la creation de toutes choses que ce souuerain Createur me tirast des abysmes du neant pour me donner l'estre, & vn estre encore de grace, me faisant naistre

dans vn siecle d'or , dans vn
Royaume Chrestien , dans vne
ville Catholique , pour estre in-
struit & esleué comme i'ay esté
dans la seule religion où l'on
peut trouuer son salut, & auec
tous ces bien-faicts encore m'esleuer au dessus des tentations de
la pauureté & de la misere.

Ne sont-ce pas des faueurs
toutes pures qui demanderoient
le terme d'vne eternité à cet
Eternel, qui me les a departies,
pour pouuoir paruenir à quelque petite recognoissance. Le
plus miserable du monde en
quoy differoit-il auec moy pour
le merite d'vne partie de ces graces qu'il ne possede pas, puis
qu'auant le temps luy & moy
n'estions rien du tout, & que de
toute Eternité Dieu m'en a faict

L iiij

present dans sa Preseance, plu-
tost qu'à luy. Il faudroit au
moins, dis-je, que depuis le
premier moment que ie suis capable de raison, i'eusse employé
tous ceux de ma vie passée à la
meditation continuelle de tant
& tant de bienfaits, dont ie ne
sçaurois trouuer la raison qu'en
trouuant le fonds des abysmes
de cette misericorde infinie à
laquelle ie demeure infiniment
redeuable: Et venant au poinct,
ne dois-ie pas dans cette pre-
ference contribuer tout mon
pouuoir au secours de celuy-là
mesme qui ne possede pas tout
mon bon-heur, afin d'en meriter au moins vne partie sous
la faueur des merites de ce grand
Dieu, qui seul donne le prix
aux bonnes actions que luy-

mesme me faict faire. Puis-ie
refuser d'estre charitable à celuy
qui ne me demande du bien que
pour me rendre digne de celuy
que i'ay receu du Ciel. I'auray
toutes choses à souhait dans mes
plaisirs, & la mort mesme sera
sourde à ses plaintes au plus
fort de ses peines: Ne luy donne-
ray-ie pas quelque sorte de consolation, ou par deuoir, ou par
pitié, y estant obligé par de plus
puissantes raisons encore.

Grands du monde, vous estes
plus miserables que ces miserables, mesme au milieu devos felicitez, si le recit de leurs maux ne
vous donne quelque attainte.
Vous auez les richesses par dessus eux: Mais Dieu ne vous les a
données que pour soulager leur
pauureté, aussi bien quoy qu'el-

les soient à vous, elles pren-
dront congé de vous à la veille de voſtre depart, & ſi vous
en emportez quelque choſe,
ce ne ſera que les intereſts
de ce que vous leur aurez pre-
ſté.

Grands du monde, que voſtre
ſort eſt digne de compaſſion
pluſtoſt que d'enuie, ſi vous n'a-
uez d'autre Paradis que celuy de
vos richeſſes.

Grands du monde, que la ſource de vos contentemens tarira
bien toſt, ſi vos ſeuls threſors
l'ont fait naiſtre.

Grands du monde, que vos
proſperitez ſeront de courte durée, quand vn ſiecle en termine-
roit le cours, puis qu'à la fin du
terme il faut mourir eternellement, mais mourir dans vne

Qui met ſon
eſperance
dans le mon-
de, ſe trouue
à la fin reduit
au deſeſpoir.

peine toufiours viuáte. Ramenteuez-vous fouuent ces importantes penfées, vifitez & tournez
le fueillet pour en lire d'autres.

Quand ie penfe au grand
nombre d'Empereurs, de Rois,
de Princes, & de Seigneurs qui
ont gouuerné le monde, & des
batailles qu'ils ont données
pour fa conquefte, depuis le moment de fa creation „ ie demeure
tout confus, ne pouuant trouuer
ny bornes, ny mefure en cette
penfee. Combien de diuers Mai-
ftres pourroit-on donc s'imaginer que le monde a eu ? & combien de fois encore il a efté conquis, le diuifant en diuers Empires, en diuers Royaumes, &
en autant de Seigneuries. Or le
monde a toufiours demeuré en
mefme place, & toufiours le

mefme: Mais fes Empereurs, fes
Rois, fes Princes, & fes Seigneurs fe font éuanoüis l'vn à la
fuitte de l'autre; & toutes leurs
conqueftes ne leur ont iamais
ferui que de fuiet de paffe temps,
puis que tous leurs combats &
toutes leurs batailles n'auoient
autre prix de victoire, que la
mefme terre où leur gloire, &
leurs corps demeurent également enfeuelis.

O le beau jeu d'enfant de s'a-
mufer à cóquerir vn petit point
dans les limites duquel tout l'V-
niuers eft renfermé. Demádons
à Alexandre qu'eft-ce qu'il a fait
du butin de fa conquefte: Apres
auoir tout emporté il n'a rien
eu, & de luy-mefme il ne nous
en refte rien encore. Ambition,
voila le reuers de ta medaille.

Seigneur , conseruez-moy tousiours, s'il vous plaist, cette humeur où ie me trouue main-tenant de mespriser toutes les choses du monde, & luy-mesme auec passion. Donnez-moy vn cœur volage & inconstant, afin qu'il change sans cesse d'amour iusques à ce qu'il soit assuietty sous le doux Empire de la vostre. Rendez, rendez encore mon es-prit inquiet iusques à ce qu'il aye trouué son repos en vous seul, puis que les fondemens en sont inesbranlables. Ie doneray pour rien toutes les pretensions que i'ay sur la terre n'y pretendant rien du tout. Le Ciel est mon but, & ma viséè. Vous verrez bien-tost la fin du chapitre.

Comment estoit-il possible que la gloire de tous ces braues

Romains peut paruenir au point
où la renommée de Rome mefme n'a fceu atteindre : quelle folie ! ils cherchoient l'immortalité dans l'inconftance des fiecles,
où la mort feule eftoit en regne;
car ils affiftoient tous les iours
aux funerailles de leurs compagnons de renommée, & apres
auoir veu leurs corps reduits en
cendre, ils contemploient encor
d'vn mefme œil leurs ombres, ie
veux dire leurs ftatuës metamor-
phofées en poudre, & leur reputation feruoit de vent pour les
emporter dans vn nombre infiny d'abyfmes, puis que comme
le vent n'eftant autre chofe, elle
s'enfuyoit auec ces monceaux de
ruine fi loing & des yeux, & de
la memoire , qu'à la fin on n'y
penfoit plus.

En effect tous ces grands hó-
mes du monde voyoient enter-
rer à chaque moment l'esperance de ce vain honneur, dont leur
ambitió estoit tousiours en peine de faire la conqueste, & pas
vn pourtant ne rebroussoit chemin, comme s'ils tiroient vanité
de leurs erreurs ou que la folie
en fut hereditaire.   Cesar auoit
veu mourir Pompée & auec luy
toute la gloire de son renom, &
Pompée auoit veu enseuelir
dans le tombeau du Temps &
de l'oubly la renommée de ce
grand Scipion, dont la valeur
plus redoutable que la foudre
auoit fait trembler la terre si
souuent.   Scipion à son tour
pouuoit lire l'Epitaphe que le
desespoir, la honte & le malheur auoient grauées en lettre

d'or sur la sepulture d'Annibal.
Et Annibal auoit peu apprendre à cognoistre de l'inconstance de son siecle, auant qu'en faire
l'espreuue, les infortunes, & les
miseres qui sont inseparables de
nostre condition. Et toutesfois
ils ont tous bronché l'vn apres
l'autre en vne mesme pierre d'a-
chopement.

    Ie ne suis pas venu en Perse à
la conqueste des thresors, disoit
Alexandre à Parmenion, prend
toutes les richesses, & laisse moy
toute la gloire. Mais apres auoir
bien calculé tous deux ensemble n'ont rien eu du tout, ces richesses ont demeuré dans le
monde, à qui elles appartenoiét
en propre, & cette vaine gloire
a veu mourir son amant sans se
laisser iamais voir. De sorte qu'a-
pres

pres tant de conqueftes les vers
ont conquis ce grand Monarque : & comme le fumier de fes
cendres n'a nulle forte de raport
auec ce nom fi fameux d'Alexandre qu'il portoit autresfois,
on n'ofe parler de ce qu'il a efté,
voyant ce qu'il eft à cefte heure :
Ie veux dire que fes miferes prefentes effacent tous les iours le
fouuenir de fes grãdeurs paffées.

Efprits ambicieux quand vous
cõquerriez mille mondes comme celuy-cy, vous n'en fe-
riez pas plus riches pour toutes
ces conqueftes, la terre n'eft autre chofe, elle ne change iamais
de nature. Tous fes honneurs ne
valent pas vne larme de repen-
tance : Toute fa gloire n'eft
point du prix d'vn foupir de cõ-
trition. Ie veux que le bruit de

voftre renommée retentiffe aux
quatre coings de l'vniuers. Celle
de *Saladin* qui en a fait le tour ne
l'a peu exempter des malheurs
de la vie, ny des miferes de la
mort.   Apres auoir renfermé
dans fes coffres toutes les richeffes de l'Orient, il s'eft trouué fi
pauure encor, qu'à peine a-t'il
peu emporter auec luy vne feule
chemife.

Qu'on fe
trouue éton-
né quand il
faut mourir
pour rendre
conte de tous
les momens
de la vie.

Embaumez donc l'air que
vous refpirez de mille fenteurs,
mangez donc l'or, couchez dans
l'iuoire, nagez dans les grandeurs, & qu'enfin toutes vos
actions n'efclattent qu'en magnificence. Le dernier moment
de voftre vie fera le iuge de tous
ceux qui l'ont precedé ; vous
ne fçauriez dire en mourant de
quel prix eft cefte vaine gloire

du monde, dont vous auez esté idolatres, & apres voltre mort vous ressentirez les peines d'vn regret eternel, n'ayant plus l'occasion de vous repentir vtilement.

Croyez-moy, tout n'est que vanité, honneur, gloire, richesse, loüange, estime, reputation. Tout cela n'est que fumée durant la vie, & rien du tout apres la mort. Les Grands du monde ont fait vn peu plus de bruit que les autres en passant. Mais ce bruit a cessé, leur lumiere estainte, leur memoire enseuelie, & si l'on parle d'eux encore quelquefois, on répond par vn branlement de teste qu'on n'en doit plus parler pour marque que le temps en a imposé de loix de silence. Cherchez voltre gloire en

Dieu, & voftre honneur dans le
mefpris de celuy de la terre , fi
vous voulez eternifer voftre renommée dans l'eternité des fiecles. Ie n'ay rien à vous dire
apres ces veritez.

L'empereur Adrian celebre luy mesme ses funerailes
faisant porter la biere en Triomphe.

LE
MIROIR
QVI NE FLATTE
POINT.

CHAPITRE III.

Le beau triomphe que celuy de la mort! O la belle victoire que celle de nous-mesme! Vous voyez comme ce grand Monarque triomphe aujourd'huy de ceste superbe triomphante apres auoir heureufement vaincu fes paffions. Il entre dans fon Empire par la porte du tombeau, afin de regner durant fa vie cóme vn homme qui meurt à tous momens. Il celebre luy-mefme fes funerailles, & fe fait trainer en triomphe dans fa fepulture pour apprendre à mourir genereufement. Quelle gloire d'impofer des loix à celle qui les dóne à tout le monde, quel courage d'attaquer & de combattre celle à qui perfonne n'a fceu refifter encore, & quelle force de dompter celle-là mefme qui ne fléchit iamais! L'Echo n'a pas affez de voix pour chanter hautement les merueilles de cefte victoire.

Ce n'eft point icy le triomphe d'Alexádre, lors qu'il fit fon

entrée dans Babylone môté sur
vn char aussi riche que les Indes,
& plus esclattant que le Soleil.

On ne void en celui-cy d'autres
richesses que celles du mépris
qu'on en doit faire, ny d'autre
esclat que celuy de la vertu.

Ce n'est point le triomphe de
Cesar, lors qu'il se fit trainer au
Capitole par quarante Elephans
apres auoir gagné vingt-quatre
batailles. On ne voit en celui-cy
qu'vne pompe funebre, mais si
glorieuse que la mort mesme y
sert de trophée.

Ce n'est pas le triompe d'E-
paminondas où l'éclat de la magnificence faisoit honte à celuy
du iour, quoy qu'il en fust luy-
mesme le flambeau. Les merueilles qui paroissent en celuy-cy,

Le triom-
phe des vices
est seul digne
de memoire.

portent le dueil de la mort de celles du monde, puis qu'il ne se peut rien voir de plus admirable.

Ce n'est pas le triomphe d'Aurelian, où toutes les Graces sont menées en seruitude auec la Reine Zenobie. On ne void point d'autres captifs en celuy-cy que le monde auec toutes ses vanitez, & leur desfaite est la plus riche couronne du vainqueur.

Ce n'est pas le triomphe de cette pompeuse Reine d'Egypte entrant dans la Sicile, où elle se fit admirer dans vne galere, dont iamais homme ne sceut dire le prix. On ne contemple en celuy-cy que l'industrie plus que mortelle d'vn seul Pilote, puis que du milieu des orages & des

tempeſtes du monde, il ramene
heureuſement au port le nauire
de ſa vie, quoy qu'il ne ſoit qu'en
chemin de s'en approcher.

Enfin ce n'eſt pas le triomphe de Seſoſtris, dont quatre
Rois trainoient le ſuperbe chariot. Les paſſions ſont les ſeuls
eſclaues de celuy-cy : & comme
la mort encore y paroiſt vain-
cuë, l'honneur en demeure immortel, auſſi bien que le nom du
triomphant.

Rediſons donc encore, O le
beau triomphe que celuy de la
mort ! O la belle victoire que
celle de nous-meſmes ! l'vnique moyen de ſe vaincre, c'eſt
d'enſeuelir ſon ambition auant
qu'on enſeueliſſe ſon corps, pre-
parant toutefois le tombeau de
tous les deux, afin que le ſou-

uenir continuel du trespas ſerue
de temperament & de moderation aux delices de la vie.

On lit de Paul Emile que
reuenant à Rome tout chargé
de lauriers apres la fameuſe victoire des Perſes, il y fit ſon entrée de triomphe auec tant de
pompe & tant de magnificence,
que le Soleil s'eſleua pluſieurs
fois en meſme deſſein d'en contempler les merueilles.

Pompée voulant eſtaler au
iour tous les ſuperbes preſens
que la fortune luy auoit fait en
ſes dernieres conqueſtes, entra
pour la troiſieſme fois en triomphe dans la ville de Rome, où le
bruit de ſa valeur fit autant d'i-
dolatres que d'admirateurs, ga-
gnant les cœurs, & conquerant
les ames auſſi bié que les Royau-

mes & les Prouinces: mais il semble que la gloire qui l'accompa-
gnoit en cette action eust ce deffaut de ne pouuoir estre digne-
mét cognuë de ceux mesme qui
en auoient esté tesmoins, comme surpassant de beaucoup tout
ce qu'on en pouuoit dire.

On voyoit marcher deuant
son char de parade, vn Echi-
quier composé de deux pierres
precieuses, dót la beauté les mettoit hors de prix : mais toutesfois il me semble que leur esclat
eust esté à son iour, si par vn sentiment de preuoyance, touchant
l'inconstance de sa fortune, il
eust fait grauer dessus l'histoire
de ses malheurs. On admiroit
en suitte vne statuë de la Lune
toute d'or en forme de crois-
sant: & ie m'estonne que ceste

La vanité
est vn dan-
gereux enne-
my: elle nous
caresse tous-
iours pour
nous sur-
prendre.

image de changement & de viciſſitude ne luy fit preuoir le de-
tour de la rouë, ie veux dire l'o-
rage qui deuoit ſucceder au calme de ſon bon-heur. Il faiſoit
porter encore vn grand nombre
de vaſes d'or, ſans penſer iamais
que la mort en rempliroit bien-
toſt vne partie du fumier de ſes
cendres. Vne montagne toute
d'or auſſi ſe faiſoit voir en ſuitte ſur laquelle il y auoit toute
ſorte d'animaux & beaucoup
d'arbres de meſme matiere, &
cette montagne eſtoit entourée
d'vne vigne dont l'éclat doré eſ-
blouïſſoit les yeux de tous ceux
qui en contemploient les merueilles. Ce ſuperbe triomphant
eſtoit l'Orphée qui au ſon de la
lire de ſa renommée attiroit cette montagne, ces animaux, ces

arbres, cette vigne. Mais comme Orphée auſſi, la Fortune
le deſtinoit en proye à la fureur
de Bachantes, ie veux dire des
Eunuques qui deuoient le mettre à mort. Trois ſtatuës d'or,
celle de Iupiter, celle de Mars,
& celle de Palas venoient apres:
C'eſtoient ſes Dieux & ſa Deeſſe. Quel ſecours pouuoit-il attendre de ces diuinitez qui ne
ſubſiſtoient qu'en leur ſtatuë, &
dont le portraict n'auoit point
d'original? On admiroit encore
trente Guirlandes toutes d'or
& de perles, mais ces couronnes eſtoient trop peſantes pour
ſa teſte, d'où vient qu'elle ſuc-
comba ſous le faix. Vne chap-
pelle d'or ſuiuoit apres dediée
aux Muſes ſur laquelle il y auoit
vn grand horloge de pareille

Il faut auoir vne excellente memoire pour ne s'oublier pas ſoy-meſme dans les grandeurs.

matiere ; & comme l'efguille
tournoit toufiours, ne deuoit-
il pas confiderer que l'heure de
fon triomphe cómençoit à paffer, & que celle de fa deffaite fon-
neroit bien-toft, fuiuant les loix
de viciffitude, où le deftin a affu-
jety toutes chofes. Sa ftatuë d'or
enrichie de diamans & de perles, dont luy-mefme ne fçauoit
pas le prix, non plus que celuy
qui les auoit mifes en œuure,
marchoit en fon rang. Et à la
fin cette ombre fut plus heureufe que fon corps, comme
n'ayant efté iamais attaquée que
par le temps, & l'autre fut vain-
cuë par le mal-heur. Le grand
Pompée paroiffoit affis fur le
mefme thrône où la Fortune im-
pofoit fes loix à tout le monde:
Car le char de fon triomphe
eftoit

eſtoit ſi ſuperbe en richeſſes, ſi magnifique en raretez, ſi eſclatant en merueilles toutes nouuelles, & non iamais veuës, que le rauiſſement ſurprenoit les eſprits, les éleuant tout à coup de l'admiration à l'extaſe, ſans leur dónèr le loiſir de faire reflexion ſur toutes ces veritez. Mais ce char de triomphe rouloit touſiours, & quoy que le triomphât demeuraſt aſſis en ſa place, ſa bonne fortune rouloit de meſme. De ſorte qu'en allant au Capitole il s'aprochoit peu à peu du riuage où ſa vie & ſón bonheur furent également enſeuelis.

Enfin pour vn comble de gloire, on liſoit en lettres d'or ces noms propres des conqueſtes qu'il auoit faites, *Le Royaume de Pont, l'Armenie, la Cap*

Ie ne trouue rien de plus agreable que la meditation de l'inconſtance, où toutes les choſes du monde ſont également aſſuietties.

N

padocie, la Paphlagonie, la Me-
die, la Colchide, les Hiberiens, les
Albaniens, la Sirie, la Cilicie, la
Mesopotamie, la Phænicie, la
Palestine, la Iudée, l'Arabie, &
les Corsaires de toutes les Mers.
Qui peut se comparer à ce superbe vainqueur ? Et toutefois, le
diray-ie, apres auoir conquis &
subiugué la plus grande partie
de la terre, la fortune ne luy permet pas seulement d'expirer dessus, & la Mer plus infidele encore luy prepare le naufrage au
milieu du port.

Quels raports & quelles con-
uenances peut-il auoir maintenant de ce triomphe si som-
ptueux, si superbe, & si magnifique auec celuy-cy dont ie vous
fais voir l'image, où la bassesse,
l'humilité, & la misere tiennent

le premier rang , & occupent
les plus hautes places. La difference en est grande veritablement ; mais toutefois cette ine-
galité est glorieuse , puis qu'elle
emporte auec soy le prix de la
vertu, dont Pompée a mesprisé
la conqueste. Il faisoit admirer
en son triomphe la beauté de ces
deux grandes pierres precieuses ;
Mais les pierres de marbre qui
paroissoient en celui-cy estoient
d'vne autre estime , parce que
la Prudence les mettoit hors
de prix , en les mettant dans
l'employ où elle les auoit de-
stinées. Que s'il expose en
vne des vases d'or, des mon-
taignes, des animaux, des arbres,
des vignes, & des statuës de mesme matiere , ce cercueil couuert
de noir, qui sert d'ornement à

Que la va-
nité des hõ-
mes est foi-
ble , puis
qu'elle n'a
point d'au-
tres fonde-
ment que ce-
luy de leurs
miseres.

cette pompe funebre contient beaucoup plus de trefors encor, puis que le mefpris de toutes enfemble y eft graué dedans. Il faifoit parade de fa ftatuë d'or enrichie de perles; & ce Monarque tire vanité de n'en auoir point, faifant voir dans le portrait de foy-mefme l'original de fes miferes. Ce fuperbe vainqueur auoit mille Guirlandes & autant de couronnes d'or pour vn nouueau Trophée; & celuy-cy fe couronne de ciprez durant fa carriere, pour meriter les palmes qui l'atendent au bout. Enfin Pompée eft l'idole des cœurs & des ames, & fon char de triomphe fert d'autel où il reçoit les vœux & les facrifices de tout le monde: Et celuy-cy au lieu de faire des idolatres durant

le regne de sa grandeur s'imole
soy-mesme à la veuë du Ciel &
de la terre, mourant desia dans
ses funerailles, & se laissant comme enseuelir, par l'obiet continuel qui luy demeure, & de la
mort, & du tóbeau. Que si Pompée se vâte vne derniere fois d'a-
uoir conquis vn nombre infiny
de Royaumes, ou tout le monde
ensemble; celuy-cy n'ayant iamais eu d'autres ennemis que
ses passions, n'a point recherché d'autre gloire que celle de
les vaincre, & dans leur defaite
on se peut dire vainqueur des
vainqueurs: car les courónes de
ce triomphe ne craignent point
le hâle du Soleil, ny l'inconstance des siecles. Il faut passer plus
outre.

Isidore & Tranquille nous

asseurent que pour remporter la
gloire du triomphe il faloit vaincre cinq mille de ses ennemis,
ou gagner cinq victoires, comme on dit de Cesar. Il falloit encore le consentement du Senat.
Et le vainqueur deuoit estre ve-
stu de pourpre, & couronné de
laurier, tenant vn sceptre à la
main, & de la sorte il estoit conduit dans le Capitole de Iupiter,
où quelque fameux Orateur faisoit le Panegyre de ses proüesses.

Quelle plus belle allegorie
pouuons-nous tirer de ces veritez profanes que celle de la victoire que nous deuons emporter sur nos sens, comme cinq
mille ennemis, dont la defaite
est necessaire à nostre triomphe?
Ce sont les cinq victoires qu'il
faut gagner si l'on veut acquerir

orté sont au-
tant d'enne-
mis contre
lesquels il
nous faut
prendre les
armes.

Il faut fai-
re tousiours
la guerre à

des trophées dõt la gloire ne re-
leue ny du temps ny de la mort.

Ce consentement du Senat,
c'est l'authorité de nostre raison
qui seule donne le prix & l'estime à nos actions, & c'est d'elle
que nous pouuons aprendre les
moyés en luy obeïssant, de commander à nos passions, & par la
conqueste cet Empire triomphe
de nous mesme, qui est la plus
belle victoire du monde.

Ces Sceptres & ces Cou-
ronnes sont autant de marques de souueraineté qui nous
demeurét en propre apres auoir
assuietty tous ces fiers ennemis.
Le Ciel est ce Capitole où nos
bonnes œuures nous condui-
sent en triomphe, & où la voix
des Anges sert d'orateur pour publier la gloire de nos faits, dõt la

ses passions si l'on veut viure en paix.

renommée demeure eternelle.

Ces grands Capitaines Romains qui faisoient l'amour à la Vertu sans la cognoistre, ont recherché l'honneur & la gloire dans la défaite de leurs ennemis; mais ils n'en ont iamais sceu trouuer les ombres, comme inseparables de leurs corps, d'où vient qu'ils en ont formé de diuerses chimeres, pour repaistre leur fantaisie trop auide de ces objets trompeurs. Ce n'est pas que la gloire ne consistât à vaincre : mais c'estoit leur ambition, puis qu'elle les menoit en triomphe dans leur triomphe mesme.

Quel honneur eust remporté Cesar quand il eust ioint à ses trophées celuy de la seruitude de Cleopatre ? Il eust fait voir vne Reine captiue qui l'auoit autrefois affujetty fous fon Empire; que fi le fort de la guerre luy auoit liuré cette Princeffe, le fort de l'amour l'auoit liuré luy mefme entre fes mains. De forte que la mort de Cleopatre immorta_lifa le renom de Cefar.

Afdrubal, felon Iuftin, triompha par quatre fois dans Carthage, mais ce fameux Theatre d'honneur où la gloire mefme auoit paru fi fouuent fur fon trofne; fert à la fin de trophée à vn nouueau vainqueur : de forte qu'il en a enfeuely tout à coup le renom, auec la memoire de ceux qui auoient reprefenté le perfonnage de triomphant.

Auiourd'huy Memphis eft triomphant, & demain cefte fuperbe eft reduite en feruitude; Auiourd'huy le bruit de fa gloi-

Afdrubal triomphe de mauuaife grace, eftant luy-mefme mené en triomphe par les vices.

re fait trembler tout le móde , &
demain les paſſans la cherchent
ſur ſon propre terrouer; mais ils
ne la trouuent pas. O le beau
triomphe! ô l'épouuentable défaite !

Que c'eſt
vne douce
conſolation
dans nos mi-
ſeres de voir
en chãgeant
changer tou-
tes choſes.

　　Quels détours continuels de
rouë ! Marcellus ſe fait voir au
poinct du iour ſur vn magnifique char de triomphe, & au couchant du Soleil ſa gloire & ſa
vie terminent égalemét leur carriere. Ie veux dire qu'en vn clain
d'œil la fortune luy oſte toutes
les couronnes de laurier qu'elle
luy auoit données, & ne luy laiſſe en mourant que le regret d'a-
uoir trop veſcu.

　　Marius triomphe diuerſes fois,
mais de quels orages n'eſt point
accueillie la nauire de ſa fortune.
Le voila maintenant éleué ſur le

plus haut trône de l'honneur; mais si vous tournez la teste vous le verrez tout nud en chemise à demi enseuely sous la bouë d'vn cloaque, où la lumiere du iour l'importune, ne pouuant souffrir que le Soleil soit témoin de ses malheurs. Le voila, dy-ie, dans vn cöble de grandeur & de sou-ueraineté, dont l'esclat éblouït tout le monde; mais attendez vn moment, & vous orez l'arrest de mort qu'on luy prononce apres auoir esté abandonné iusques de luy-mesme, comme n'ayant plus d'espoir de salut.

Que le triomphe de Lucule fut pompeux & celebre, il y fit admirer la magnificence de cent galeres toutes armées par les prouës. Mille chariots chargez de picques, de halebardes, & de

Tous les obiets du monde ont deux visages, l'vn d'apa-rence, l'autre de chimere, puis que hors la superficie tout n'est rien.

corselets, dont le bruit du choc resonnoit si haut qu'il effrayoit les admirateurs, quoy qu'ils celebrassent la feste de la victoire. Le nombre des vases d'or & des autres ornemens de triomphe estoit sans nombre. La statuë de Mithridates d'or aussi de six pieds de haut, auec le pauoy tout couuert de pierreries seruoit encore de nouueau trophée. Et de cette gloire tout le monde ensemble en estoit adorateur: car la renommée du vainqueur auoit fait diuerses fois le tour de l'Vniuers.

Mais quelle honte apres tant de gloire! mais quelle infamie apres tant d'honneur! Lucule victorieux de tant d'Empires se trouue à la fin assuietty sous celuy de ses plaisirs. Sa valeur

Les grands hommes ne sçauroient commettre de petites fautes,

a fait par tout des esclaues, & sa
lascheté l'en rend à la fin de ses
passions.   Tellement qu'apres
auoir rehaussé l'esclat de la beauté de Rome par ses beaux faits,
dignes d'admiration, il en ternit
le lustre par ses excessiues débau-
ches, toutes noires de vice.   Et
c'est en vain qu'on cherche Lucule triomphant, puis qu'on ne
le trouue plus que dans la defaite
de sa reputation , à laquelle il
furuit pour se rendre deux fois
miserable.

On lict d'Epaminondas que
retournant victorieux des *Lu-*
ctres, il receut à regret le present
de l'honneur du triomphe que
le Senat luy auoit preparé, ap-
prehendant tousiours le détour
de la roüe , d'où vient que le
lendemain de sa feste il prit le

dueil pour se preparer de bonne heure à souffrir le changement de la fortune.

On remarque dans l'Hi-
stoire de Demetrius, qu'entrant
en triomphe en Athenes le
peuple jettoit des fleurs, &
vn nombre infiny de boules
d'or dans les ruës, pour marque
d'vne somptueuse réiouïssance.
Mais quel signe de vicissitude
& de fragilité pouuoit estre
plus apparent que celuy que re-
presentoient ces fleurs, puis qu'il
n'est rien de plus fresle en la nature que la leur. Et ces boules
faisoient voir aussi par leur figure ronde, & tousiours mou-
uante que la gloire dont elles
estoient le symbole & le hiero-
glifique ne pouuoit estre fermé
& stable, selon que la verité le

publia bien toſt elle-meſme, par
vn ſoudain changement qui
rendit deplorable le ſort du
vainqueur.

Conſiderez vn peu ſur ce
meſme ſubjet , quels détours
a fait la boule de l'Empire depuis que le premier Monarque
l'a laiſſée choir en mourant.
N'eſt-il pas croyable qu'elle a
parcouru diuerſes fois le tour
de l'vniuers , & ſa figure nous
apprend auec l'inconſtance qui
eſt propre à toutes les choſes
creées, qu'elle roulera inceſſamment de l'vn à l'autre , ſans
s'arreſter iamais , puis que ſon
centre eſt de n'en auoir point :
Car tant que le monde dure-
ra la viciſſitude continuelle en
ſera le fondement ; & quel
moyen de trouuer vn aſſiete ſur

On peut
ſouſtenir auſ-
ſi que nous
ſommes des
boules puis
que nous
roulons touſ-
iours vers la
ſepulture.

la terre qui soit à l'abry de l'inconstance, puis qu'elle regne souuerainement & necessairement comme essentielle à tout ce qui subsiste icy bas. Ie n'ay pas esté loing, me voicy de retour.

Tertulien nous asseure qu'aux triomphes des Romains il y auoit vn homme à gage qui crioit tout haut au triomphant, *souuiens-toy que tu es homme*. Pline passe plus auant encore, & nous dit qu'on auoit accoustumé de mettre vn anneau de fer au doigt du vainqueur en signe de seruitude ; comme si l'on eust apprehendé qu'il se fust eschapé hors de soy - mesme par vn excez de vanité dans ce comble d'honneur où il se voyoit esleué au dessus de ses compagnons. Et sur ce mesme sujet vn grand nombre

nombre d'Hiſtoriens adjoûtent
qu'autour du chariot du triomphant il y auoit deux hommes,
l'vn qui portoit vne teſte de
mort, & l'autre l'image d'vn
Paon, crians toûjours, *Souuiens-*
toy que tu es homme.

Certes la vanité a de grandes
priſes ſur nous, deſlors que nous
ſommes eſleuez à quelque emi-
nent degré d'honneur. Et quoy
que nos teſtes ſoient celles-là
meſme des morts, comme mourans ſans ceſſe, & nos miſeres
ces images de Paons qui ne ſe
peuuent ſouſtenir que ſur la lai-
deur de leurs pieds, l'aueugle-
ment eſt ſi grand, & cette amour
propre ſi extréme, qu'on en demeure éblouy, pour eſtre trop
éclairé, & l'on deuient eſclaue
de ſoy-meſme à force de s'aymer

La vanité
eſt vn dan-
gereux enne-
my puis qu'-
elle nous
trompe en
nous obli-
geant par la
complaiſan-
ce qu'elle
nous a don-
né.

O

auec de trop de paſſion. Les grandeurs & les proſperitez ne ſe laiſſent iamais poſſeder que pour prendre poſſeſſion de nous meſmes. Et comme elles ont des appas pour nous charmer, & des douceurs pour nous rauir, il faut implorer le ſecours de la grace ſi l'on veut s'eſchapper de leur agreable tyrannie, & rien que la fuitte & le meſpris ne nous peuuent donner des armes pour leur reſiſter. Reuenons toûjours au poinct.

Nous liſons de Iudas Machabée que retournant victorieux de Gallilée le peuple le conduit au Temple par vn chemin tout tapiſſé de fleurs.

Abraham apres auoir vaincu cinq Rois fut receu en triomphe dans Salem, nommée maintenant Hierusalem.

Iudith reçoit l'honneur du triomphe par la defaite d'Holofernes, & tout le peuple de Bethulie chargé de palmes pour lui faire des couronnes s'écrie en sa faueur, *Voicy la gloire de Hierusalem & la ioye de toute sa Nation.*

Ioseph se fait voir aussi en triomphe sur le char de Pharaon lequel luy met son anneau royal au doigt, luy donne son collier & le fait recognoistre publiquement pour la seconde personne d'Egypte.

Dauid triomphe de Goliat auec vne magnificence digne de sa victoire, & les filles chantent à sa gloire, *Saul en a tué mille & Dauid dix mille.*

Mardochée triomphe à son tour monté sur le cheual du

Gen. 41.

Au 1. des Rois ch 18.

Roy Aſſuere, & vn Herault publie ſes loüages en ces termes,
ainſi ſera honoré celui que le Roy
voudra honorer.

Tous ces triomphes ſont dignes d'admiration, ie l'aduouë;
mais celuy de nous meſme eſt digne d'eſtonnement côme ayant
à combatre nos paſſions, & con-
ſequemment les plus doux ennemis du monde : ie dy les plus
doux, puis qu'ils ne ſe deffendét
qu'auec des armes, dont la bleſ-
ſure nous fait ſouuent ſoupirer
de joye pluroſt que de douleur.

Certes la victoire de la raiſon
ſur toutes les puiſſances reuol-
tées de nos ames , merite ſeule
l'honneur du triomphe, & quelque aduantage qu'on remporte
ſur ſes ennemis, c'eſt touſiours
eſtre vaincu ſi nos vices ne le

font pas. Ie pourſuis mõ deſſein.

Ceux qui ont eſtably le troſne de la Vertu en ont jetté les
fondemens ſur la ruine des paſſions, pour nous teſmoigner
qu'on ne pouuoit eſtre vertueux
auec elles, & apres auoir tenté
diuers moyens à deſſein de les
vaincre, ie n'en ay point trouué
de plus puiſſant que celuy de la
meditation de la mort ; Que ſi
quelqu'vn en doute, l'experience en eſt vtile.

Commét eſt-il poſſible qu'vn
homme ſe laiſſe maiſtriſer à vne
paſſion de vengeance s'il ſonge
à celle que ſes crimes peuuent at-
tirer à tous momens ſur ſa teſte,
comme eſtant à toute heure en
eſtat de mourir? Il entédra gronder tous les iours à ſes oreilles la
foudre de la Iuſtice diuine par le

Les Payens
ont adoré la
Vertu ſous
vn faux vi-
ſage.

O iij

bruit côtinuel de ſes ſouſpirs qui
l'auertiſſent des aproches du tré-
pas ; quel courage peut-il auoir
de ſe venger eſtant ſur le poinct
luy-meſme de ſouffrir le tour-
ment d'vne végeance eternelle?

　　Vindicatif veux-tu eſtaindre
l'ardeur de ta cholere, taſte toy le
poulx & conſidere que cette petite fiévre lente dont tu es agité
te conduit peu à peu dans la ſepulture.

　　Qui ſçauroit eſtre ambitieux
en ſongeant à la mort puis qu'il
faut tout quitter auec la vie.
Conſultons le ſort de ces eſprits
arrogans qui ſe ſont amuſez à
conquerir les vaines grandeurs
de la terre. Quel a eſté enfin leur
partage au bout de la carriere?
Ils n'ont eu que des regrets inutiles d'auoir ſi mal employé leur

Il y a plus d'hôneur à ſe venger de ſa cholere que de ſon enne-my.

temps, se treuuant aussi pauures auec tous leurs tresors, que s'ils estoient nés les plus miserables du monde. Ambitieux veux-tu guerir du mal de ta passion, songe à toutes les heures du iour que celle que tu entends sonner peut estre ta derniere.

Qui pourroit souspirer d'vn amour profane apres ces objets de poussiere & de cendre s'il pensoit souuent qu'il n'est fait d'autre chose, & que ceste matiere infectée & corrompuë ne cherche plus que les abysmes de la sepulture, pour y cacher dedans son fumier? En effect qui voudroit donner en proye sa chair aux plaisirs s'il consideroit que les vers en font dé-ja leur curée. La meditation de la mort sert de temperament à toutes sor-

Cette necessité de mourir est vne tache aux plus beaux visages qui le fait hayr à la fin si l'on la considere de pres.

tes de delices, & si l'on est capable d'amour en cette pensée ce ne peut estre que de son salut, puis que l'objet en est eternel, & tout le bien du móde perissable. Amans infortunez cherchez le soulagement de vos passions impudiques dans l'anatomie du sujet dont vous estes idolatres. Assistez à sa mort, songez à la vostre, vous voila gueris.

Quel mauuais riche auroit de l'amour pour ses thresors s'il consideroit que la mort les luy dérobe tous les iours en le faisant mourir sans cesse, & qu'à la fin du terme de sa vie il n'emporte que le bien ou le mal qu'il a fait pour estre recompensé, ou puny ; mais d'vne gloire ou d'vn supplice dont l'Eternité seule doit terminer la durée. Auares,

Qui pense à la pauureté de la mort mesprise les richesses de la vie.

l'vnique moyen de ne l'estre plus, c'est de faire celebrer vos funerailles par vos pensées, & songer souuét, non pas au compte de vos richesses, mais à celuy que vous deuez rendre vn iour de leur iouyssance, puis que vostre salut en dépend.

Qui feroit enfin son Dieu de son ventre, recherchant auec passion tous les delices qui peuuét chatoüiller le sens du goust, s'il se representoit les miseres du corps qu'il prend tant de peine à nourrir, & la rigueur des loix inuiolables qui destinét sa proye aux vers, & le reste du fumier aux vents, Cette consideration feroit capable de luy faire perdre l'appetit, & l'enuie à mesme temps de nourrir si delicatement sa carcasse, Ames toutes de chair,

ne vous repaiſſant d'autre choſe, il n'eſt point d'inuétion pour
changer de nature que celle de
vous ouyr mourir par le bruit
de vos ſouſpirs , de vous voir
mourir par les rides qui naiſ-
ſent tous les iours ſur vos viſa-
ges , & de vous ſentir mourir
par ces battemens de pouls qui
marque cette fievre continuë ,
dont vous eſtes mortellement
attaints. C'eſt vn remede éprou-
ué , l'experience n'en eſt point
dangereuſe.

Ne peut-on pas donc ſou-
ſtenir auec beaucoup de raiſon
que la ſeule penſée de la mort
eſt capable de guerir nos ames
du mal de leurs paſſions en leur
donnant & le moyen & la force
de triompher d'elles ? Que ſi
vous en deſirez voir vn exemple

Quand vn
homme ou-
blieroit tou-

ramenteuez-vous celuy que ie vous ay propofé au commencement du chapitre. Quelle merueille qu'vn grand Monarque qui peut tenir à gage la volupté dans fa cour auec tous les delices qui l'accompagnent, celebre luy-mefme fes funerailles au milieu de fa carriere, commençant à regner par la fin de fon regne, puis que l'objet luy en eft toufiours prefent deuant les yeux. Ses paffions l'attaquent, mais il les vainc, elles luy liurent le combat, mais il les mene en triomphe, & les enfeuelit toutes enfemble dans le tombeau qu'il fe fait preparer. Confiderez vn peu la gloire qui reluit en cette action.

On lit des Rois d'Arabie qu'ils triomphoient fur des Dro-

tes chofes que les miferes de fa condition il ne laifferoit pas d'auoir vne grande memoire.

La vanité eft vne maladie con-

madaires des Rois de Perfe fur
des Elephans, de ceux de Croa-
ce fur des taureaux, des Romains
fur des cheuaux; & l'on remarque toutefois de Neron qu'il fe
fit trainer en triomphe par quatre iumens hermaphrodites. Ca-
mille par quatre cheuaux blancs,
Marc Anthoine par quatre lions,
Aurelian par quatre cerfs, Cefar
par quarante Elephans, Elioga-
bale par quatre chiens.

Les Poëtes nous affeurent encore que le char triomphant de
Bacchus eftoit trainé par des Tygres : celuy de Phaëton par des
Poiffons: celuy de Thetis par des
Dauphins : celuy de Diane par
des Cerfs : celuy de Venus par
des Cygnes : & celuy de Iunon
par des Paons.

Tous ces objects de pompe & de magnificence, dont les Hiſtoires & les Fables veulent eterniſer la vanité, n'ont fait que paſſer pourtant : & quoy que le ſouuenir nous en demeure, c'eſt vne memoire de chimere & de fantoſme, puis qu'elle ne nous preſche que la ruine & le neant de ce qui a eſté autrefois. O le beau charroy que celuy de nous meſme, lors qu'il eſt trainé par les paſſions eſclaues & aſſujetties ſous l'empire de la Raiſon? il n'eſt rien de ſi glorieux, il n'eſt rien de ſi magnifique. Car ces Dromadaires, ces Elephans, ces Taureaux, ces Cheuaux, ces Iumens, ces Lyons, ces Cerfs, & ces Tygres ne ſont que des beſtes brutes qui en trainent plus ſouuent d'autres, comme ſe laiſ-

fant, emporter à la vanité qui
feule les reduit à cette brutale
feruitude. Tournons vifage d'vn
autre cofté.

Sabelique en fes Ennea-
des nous perfuade, de croire
que les Chreftiens d'Ethiopie
portoient en leurs proceffions
de grands vafes pleins de cendres pour faire voir à découuert
la fragilité de noftre nature.
Mais ne pouuons-nous pas dire
auec trop de raifon que nous
fommes des vafes de terre plains
de cendres, & quel objet plus
fenfible fe peut-il prefenter deuant nos yeux pour voir la verité de nos miferes, que celuy de
nous mefmes? La terre nous produit, c'eft-elle qui nous fert de
nourrice, & de fepulture encore, comme fi elle eftoit honteu-

se que le Soleil prestast sa lumiere à nos malheurs.

Faisons donc tous les iours
des processions mortuaires, &
visitons à toute heure de pensée nostre tombeau comme le
lieu où nos corps doiuent faire vne si longue demeure. Ce-
lebrons nous mesmes nos funerailles & inuitons à cette
pompe funebre l'ambition, l'a-
uarice, la superbe, la cholere,
la luxure, la gourmandise &
toutes les autres passions, dont
nous pouuons estre attaints, afin
de les vaincre par nostre propre desfaicte : car deslors qu'on
rend les armes à la meditation
de la mort, Raison comman-
de aux sens, tout obeït à ce
sentiment de fragilité & de
foiblesse, comme vne maladie

La pensée de
nostre fin est
vn souuerain
remede pour
guerir de la
maladie de
nos pas-
sions

incurable. Les plaisirs peu à peu
nous abandonnent, les douceurs de la vie nous semblent
ameres, & nous ne trouuons
plus de repos qu'en l'esperance
de celuy que la verité mesme
nous a promis, apres tant d'in-
quietude.

Esprits superbes soyez spectateurs de cette pompe funebre
que ce grand Monarque celebre
auiourd'huy. Il inuite le Ciel &
la terre à ses funerailles, puis
qu'en leur presence il accompagne son image dans le tombeau,
ie veux dire que le corps y conduit son ombre, l'original le portraict en attendant que la meta-
morphose se face des vns auec
les autres. *O la glorieuse action!*
où le viuant tire dé-ja vanité de
paroistre mort comme mourant

par

par enuie, auſſi bien que par neceſſité. O *la glorieuſe action!* où
le triomphant tire ſa gloire de
l'apparence de ſa defaite. O *la*
glorieuſe action ! où tout l'honneur deſpend du meſpris de celuy du monde. O *la glorieuſe*
action ! où les Couronnes de
Ciprez diſputent auiourd'huy
la preéminence auec celle de lauriers & de palmes. O *la glorieuſe*
action! où le vainqueur ſubiſſant
les loix de la nature, s'eſleue au
deſſus, faiſant admirer ſa puiſſance dans la foibleſſe volontaire. Ie m'engage trop auant.

Herodote remarque que la
Reine Semiramis fit eriger ſon
ſepulchre ſur les aduenües de la
principale porte de la ville, afin
que ce funeſte objet de miſere
ſeruiſt de maiſtre d'eſchole aux

passans pour leur apprendre l'art de se cognoistre. O la belle leçon que celle que les tombeaux nous peuuent faire ! O la belle science que celle qu'ils nous enseignent !

Strabon témoigne que les Perses faisoient des fiflets des os des morts dont ils se feruoient aux festins afin que la triste armonie qui en sortoit temperât l'excés de leur ioye. Mais ne pouuons-nous pas dire que nos poulmons sont ces fiflets d'os de morts, & que nos funestes soûpirs qui en produifent l'armonie sont capables de moderer la violence de nos contentemens. Chose estrange ! tous les objets animez qui sont affectez à nos sens portent l'image du tref-pas, & nous ne penfons jamais qu'à la vie. Nos yeux ont beau

tourner leurs regards de tous
coſtez, tout ce qui vit meurt
deuant eux, & tout ce qui n'a
point de vie s'enfuit deuant eux-
meſme : nos oreilles ne ſçauroient eſtre chatoüillées que de
la douce armonie des voix, des
inſtrumens, des tambours ou des
trompettes; mais ces voix ſont
des orgues animées des ſouflets,
dont le vent emprunté ſe perd
quand le mouuement ceſſe, &
voila le deffaut de vie. Les in-
ſtruments ont beau reſonner
delicieuſement, leur melodie
eſt touſiours funeſte à l'eſprit
quand il penſe qu'elle procede
de certains boyaux de beſtes
mortes que l'art a mis en œuure.
Les tambours eſtant de meſme
nature ne ſçauroient produire
que de ſemblables effects, & les

L'objet de
noſtre neant
a des beau-
tez & des
apas capa-
bles de rauir
les bons eſ-
prits,

trompettes souspirent tousiours
à nos oreilles, puis qu'elles ne se
font entendre que par la violence d'vn vent de souspirs. Nostre
goust ne sçauroit assouuir la
faim de son appetit que de choses mortes ou inanimées, & tous
nos autres sens sont subjets à la
mesme necessité. De sorte que la
mort nous enuironne de tous
costez, quoy qu'elle nous possede en propre, & toutefois nous
n'y songeons que dans les ago-
nies, comme si nous apprenions
en ce dernier instant que nous
sommes mortels, & que l'experience que nous en faisons fust
la seule leçon que par là Nature
nous auroit donné.

La mort est tousiours presente à nostre cœur, & absente à nostre memoire.

Seigneur rendez-moy capa-
ble, s'il vous plaist, de cette science qui me peut apprendre vtile-

ment l'art de me cognoiſtre,
afin que cette cognoiſſance me
repreſente touſiours la verité de
mes miſeres. Faites que ie me
voye, que ie m'entende, & que
ie me ſente mourir à chaque moment, mais que ie le voye des
yeux du cœur, que ie l'entende
des yeux de l'ame, & que ie le
ſente d'vn ſentiment de conſcience pour y trouuer mon repos & mon ſalut. Ie ſçay bien
que la Nature porte inceſſamment le dueil de la mort de ſes
ouurages eſtans deuorez à toute heure par le temps, & que de
la ſorte ie ne puis rien voir que
de funeſte meſme; mais pourtant demeure inſenſible à l'horreur de ces objets : & quoy
qu'ils ſoient eſpouuentables
mon eſprit n'en eſt point eſ-

frayé. Rendez, rendez-le donc
timide s'il vous plaiſt iuſques au
point de le faire trembler en y
penſant, puis que la penſée en
eſt ſi importante, & ne permettez plus que ie viue en mourant
ſans ſonger à cette vie qui doit
eſtre exempte de la mort, &
dont l'eternité ſera les limites.
Toutes mes enuies ſe terminent
à celle-là, & tous mes ſouhaits
aux vœux que i'addreſſe à voſtre Bonté pour voir vn iour les
effects de mes eſperances. Met-
tons encore en auant noſtre premiere propoſition.

　　O que le triomphe de nous-
meſme eſt celebre & glorieux !
qu'on laiſſe les lauriers & les palmes à ces fameux vainqueurs,
& de la terre & de l'onde. Leurs
couronnes ſe metamorphoſent

en poudre, leur renommée en
vent, eux-mesmes en pourriture,
& pour vn surcroy de mal-heur,
apres auoir conquis tout le monde, ils meurent dans les miseres
où ils sont nais.

Cyrus ne sçauroit borner
son ambition que de l'estenduë
de l'Vniuers, & vne simple femme luy fait la loy & met sa teste
au rang de ses trophées. Artho-
mides fait le Iupiter en terre,
son pourtrait est la seule idole
de ses sujets, & vn tour de rouë
le porte en sacrifice sur le mesme Autel qu'on auoit erigé
à sa gloire ; sa vie n'esclatoit
qu'en triomphes, & sa mort
dans sa desfaite obscurcit iusques à la memoire de son nom.
Tous ces superbes vainqueurs
dont l'antiquité nous presche

Il n'est rien
de plus vain
que la vani-
té, car c'est

les merueilles n'ont eu autre re-
compenſe de leurs trauaux que
cette vaine penſée qu'on parle-
roit vn iour d'eux : Mais quelle felicité d'eſtre loüé en ce monde où l'on eſt mort, & tour-
menté en l'autre où l'on vit
encore? Ie me ſoucie fort peu
qu'on parle de moy apres mon
treſpas, l'eſtime des hommes eſt
de ſi petite importance que ie
ne le voudrois pas acheter d'vn
ſeul deſir ſeulement. Il faut
chercher la reputation dans la
pureté de la conſcience ſi l'on
veut que la gloire en dure toûjours. La renommée d'vn homme de bien eſt beaucoup plus
grande que celle de Ceſar &
d'Alexandre : Car celle-cy n'a
pour fondement que le ter-
roüer où elle a eſté ſemée, & où

les plus belles chofes s'efpa-
noüiffent comme les fleurs, mais
où comme les fleurs auffi elles
n'ont qu'vn matin. Et celle-là
ayant pour affiette l'Eternité
l'objet annoblit la puiffance : ie
veux dire, que ne defirant que
le Ciel il nous demeure à la fin
pour recompenfe.

La feule re-
nommée de
l'homme iu-
fte dure toû-
jours.

Blondus dans fon Traitté de
Rome la triomphante, met en
conte trois cens vingt triomphes tous remarquables. Mais
où font maintenant toutes ces
pompes, ces magnificences, ce
nombre infiny de trophées, &
mille autres ornemens qui en
rehauffoit l'éclat ? Où font, dis-
je, ces vainqueurs, où font leurs
efclaues, où leurs idolatres, où
leurs admirateurs ? Ces pompes n'ont fait que luire & paf-

fer auec le iour qui accompa-
gnoit leur lumiere, ces magnificences fe font laiffees voir en
fuyant roufiours, ces Trophées
eftant ceux-là mefme du Temps
fon inconftance les faifoit eua-
nouyr en vn inftant, & tous ces
autres ornemens ne faifoient parade que de leur viciffitude continuelle comme vn accident in-
feparable de leur nature. Ces
vainqueurs n'en portoient que
le nom, puis que la mort les menoit en triomphe dans leurs
triomphes : Ces efclaues l'e-
ftoient des miferes où ils eftoient
nais, pluftoft que de la puiffance
abfoluë de celuy qui leur faifoit
la loy ; ces Idolatres ont efté im-
molez à la fureur des ans, qui ne
pardonnent à perfonne, & ces admirateurs ont encouru le mefme

Il y a du plaifir en fuyant de voir courir apres foy toutes chofes.

fort du sujet qu'ils admiroient.
Tellement que de tout enfemble il n'en eft refté qu'vn foible
fouuenir, qui en vieilliffant s'efface peu à peu de la memoire, & à
peine fubfiftera-t'il dans l'imagination pour eftre en fin enfeuely
dans les fables. Voila l'anatomie
de la gloire du monde : voila le
veritable portrait de fon faux
image. Contemplez, meditez,
vous aduouërez auec moy que
tout eft plein de vanité.

Que le triomphe des fiecles
eft fuperbe & renommé ; que de
trophées voit - on à leur char
toufiours roulant ? Quels vainqueurs ne font pas au nombre
de leurs fujets ? Quelle puiffance
fouueraine peut refifter à leurs
efforts ? Quel nouueau triomphe que celuy des ans, qui pour-

Puis que l'e-
ternité triõ-
phe du tẽps,
il ne faut vi-
ure que pour
elle.

roit tenir conte du nombre de leurs victoires, & moins encore des esclaues dont la mort sert de trophée. Quel triomphe encore que celuy des mois, des iours, des heures, & des momens ? Car representez-vous cóbien de Rois, de Princes, & de Seigneurs meurent dans vn siecle en tous les lieux du monde : Tous ces vainqueurs sont vaincus & menez en triomphe dans la sepulture. Châque année fait sa cóqueste à part, elle liure le combat, & emporte la victoire sur tant & tant d'hommes qu'à peine pourroit-on conceuoir vne verité si funeste ; Les mois, les iours, les heures, & les moments triomphent aussi chacun à son tour. Qui pourroit nombrer tous ceux qui moururent hier, ou sur la terre, ou

qui font morts auiourd'huy. Di-
fons dauantage, cóbien en meurent il à cette heure, & à ce mefme inftant que ie vous entre-
tiens? Et toutes ces defaites marquent autant de triomphes, le
temps feul remporte la gloire :
mais n'y pretédons rien du tout,
puis qu'elle n'eft pas digne de
noftre ambition. Que les fiecles,
les ans, les mois, les iours, les
heures, & les momens trióphent
de nous, & de toutes les chofes
du monde, la vertu limite toufiours leur puiffance : nous pouuons auec elle faire la loy à tous
ces vainqueurs. Ils ont beau rui-
ner la beauté, celle de l'innocen-
ce eft à l'efpreuuè de leurs attaintes : ils ont beau defparer les graces, celles du Ciel mefprifent
leurs efforts ; ils ont beau faire

changer de visage à toutes les merueilles de l'art, & à tous les miracles de la nature, nostre volonté est vn rocher au milieu de leurs orages, elle demeure tousiours elle mesme sans subir d'autres loix que les siennes. De maniere que nous pouuons mener le Temps en triomphe si nous ne viuons que pour l'Eternité.

Ie me mocque de la tyrannie des siecles, ma visée est au delà. Ie mesprise le pouuoir des ans, mon ambition regne dé-ja hors de leur estenduë. Que les mois, les iours, les heures, & les momens entrainent tout, ie franchis leur carriere, puis que mon but est beaucoup plus loing encore. Qu'ils triomphent hardiment, ma desfaite les menera en triomphe au bout de leur ter-

me ? Car l'eternité où i'aspire
marque déja leur tombeau. Ne
nous arrestons pas dans vn chemin si raboteux.

L'Empereur Trajan fit dresser sa sepulture au milieu de la
place de Rome comme vn superbe Theatre sur lequel ses
Successeurs deuoient representer leur personnage. Chacun
meurt pour soy, il faut tost ou
tard arriuer au lieu où nous allons incessamment. Que ce soit
demain, ou auiourd'huy, à la
fin du terme tout est égal, le
vieux & le ieune ne sçauroient
marquer de la difference en leur
course estant arriuez au bout de
la carriere : Car cent siecles passez
& vn instant ne font qu'vne mesme chose. Il est necessaire seulement de songer à ce giste de la

sepulture, puis que nous y courons à perte d'haleine de moment en moment.

Les Troyens vouloient que
le Cimetiere de leurs Princes fut
au lieu le plus remarquable de la
ville, afin que ce funeste objet
seruist d'affiche pour leur ramenteuoir que la Tragedie qui auoit
esté iouée par ceux-là le iour
d'hier, se representeroit auiour-
d'huy par quelque autre.

Les Cime-
tieres sont de
funestes thea-
tres, où tous
les iours on
represente
des trage-
dies.

Les Philosophes sçauent que
les objects émouuent les puissances, & qu'à l'egal de leur
force ils agissent sur les esprits
qui les contemplent. Disons
maintenant que de tous les funestes objets qui se presentent à
nos yeux il n'en est point de plus
puissant que celuy de la meditation de la mort, & de l'horreur
de

de la sepulture. Les plus cou-
rageux se rendent à ses attaques:
les plus vaillans ne resistent
point à ses efforts. Tout fle-
chit à l'abord d'vn ennemy si
redoutable. Mais nostre deffaite est plus glorieuse que nostre triomphe. Quel bon-heur
d'estre vaincu pour remporter
la couronne de la victoire, cette
soubmission est vne marque de
souueraineté.

Petrus Gregorius nous dict
de l'Empereur Charles Quint,
qu'il faisoit porter son suaire
pour estendart six ans auant
qu'il ne mourut dans toutes les
armées, afin que l'objet de ses
grandeurs ne fut pas assez puissant pour le tenter à se mescognoistre.

Si la medi-
tation de la
mort ne fait
changer de
vie à vn pe-
cheur, sa
maladie est
incurable.

Nous en faisons tous les

iours le mesme sans y penser,
car nos chemises sont autant de
suaires que nous portons tousiours auec nous , en tous les
lieux où nous allons ; Que si
ce funeste obiect n'est pas assez
fort pour moderer nostre ambition & rabaisser nostre vanité
l'erreur volontaire est inseparable de la peine, il faut necessairement subir la loy que nous nous
imposons nous-mesmes.

Seigneur ne permettez pas,
s'il vous plaist , que ie me mes-
cognoisse iusques au poinct de
ne penser iamais à cette douce
loy que vous m'auez imposée
de mourir vn iour. Mais esclai-
rez mon esprit d'vne lumiere
de grace qui me serue de pha-
re pour me monstrer le port
du tombeau où la nef de ma

La mort est douce & a-greable à cause qu'elle est ineuita-ble.

vie doit prendre terre. Faites
encor , s'il vous plaift , que
i'ignore toutes chofes fors que
la fcience de bien viure pour
mourir de mefme , & que de
la forte les miferes qui m'accompagnent , les mal-heurs qui
me fuiuent , & toutes les autres
afflictions où voftre bonté m'a
affujetty foient les obiects ordinaires de mes penfees , afin
que ie ne m'efgare point du
chemin de mon falut. Ie n'ay
point de paffion maintenant ,
que pour voir les effects de ces
prieres, allons à la fin. ,

Ceux qui ont mis en auant
que le monde eftoit vne armée
ennemie compofée d'autant de
foldats qu'il y auoit d'obiets en
la nature capables d'emouuoir
la puiffance de nos paffions ,

Le combat
doit prece-
der toufiours
la victoire &
le triomphe
la couronne.

Q ij

auoient de tres-belles raisons pour en deffendre la verité. Ces objets nous font la guerre continuellement auec tous les efforts, toutes les inuentions, & toutes les ruses d'vn cruel ennemy. La beauté attaque nos ames par les yeux auec autant de finesse que de pouuoir : Car d'abord elle amuse ce sens à son admiration, par vne ruse de complaisance où ses douceurs & ses appas l'engagent insensiblement. Puis le sens commun receuant les belles especes de l'image de cette belle ennemie les presente à la fantaisie, la fantaisie à l'entendement, lequel apres les auoir espurées selon sa force, les offre à la volonté, qui par vn sentiment naturel se trouue obligée à aymer le sujet d'où elles procedent. Et c'eſt à la raiſon alors de condamner, ou d'authoriſer cette amour; mais le plus ſouuent elle-meſme demeure charmée, & nous vaincus. Ce n'eſt pas que la raiſon ne ſoit aſſez forte & aſſez puiſſante; mais comme ſon pouuoir & ſa force dépendent de la grace, le meſpris qu'elle en fait les rend également inutiles. Ce qui nous oblige en ces combats d'implorer le ſe-cours du Ciel, plutoſt que l'attendre de nos propres forces, & d'apprehender touſiours cette ennemie ruſée, quoy qu'elle ne puiſſe iamais remporter d'autre aduantage que celuy que noſtre laſcheté luy laiſſe acquerir.

Les plus beaux obiects du monde peuuent bien ſe faire

dre de nostre deffaite, puis qu'elle est tousiours volontaire.

admirer par force, mais non pas aymer, parce que l'amour ne se peut former dans nos cœurs, que par vne forte reflexion des qualitez aymables qui se trouuent dans le subject, & en cela il faut que l'entendement agisse, & que la volonté consente. Ce qui ne se peut faire, sans vne libre deliberation que nous authorisons absoluement: De sorte que nous ne pouuons estre vaincus, si nous preuenons le desir de nostre deffaite. Ce n'est pas qu'on n'aye beaucoup de peine pourtant dans la resistance; c'est pour acquerir beaucoup de gloire dans la victoire qu'on remporte sur les beaux objects, car le pouuoir de la raison est plus penible & plus difficile que celle qu'on peut acquerir fur nos ennemis par la force des armes. Mais l'honneur auſſi ſurpaſſe touſiours la difficulté, & quelque peine qu'on ait ſceu prendre le prix & la couronne n'en peuuent ſouffrir la comparaiſon.

Il faut donc combatre puiſſamment ces beautez orgueilleuſes qui font profeſſion publique de mettre nos cœurs aux fers, & nos ames à la gehenne, & faire voire à leur confuſion que la Magie naturelle de leurs charmes eſt vne nouuelle ſcience de Logique, qui nous apprend de faire des argumens, & pour authoriſer leur pouuoir, & pour deſtruire leur force. Elles ont beau mettre à iour leurs appas & leurs

Les recompenſes que Dieu a preparées à nos trauaux ſurpaſſent infiniment nos merites.

Q iiij

graces, la lumiere de l' raison produiæ vn nouueau iour, dont l'esclat ternit l'heure : Car à l'aide de ce flambeau on peut voir comme toutes leurs mignardises sont de plastre, leurs douceurs d'artifice, & leurs attraiæs d'eau distillée ? & quel moyen de venir idolatre en presence de ces veritez ? Voylà l'vnique moyen de faire la loy à ces souueraines qui veulent l'imposer à tout le monde. Ce n'est pas qu'il les faille tousiours combatre par vne force de courage ; mais plûtost par vne force de prudence, fuyant apres les auoir mesprisées pour ne mettre pas la victoire en hazard.

Il y a encore de nouuelles ennemies qui se rendent aussi

redoutables que celles-là , comme l'ambition, & les richeſſes ;
quel moyen de leur reſiſter, ou
pour mieux dire de les vaincre?
elles n'ont point moins d'appas ny de douceurs que les
beautez ; & quoy que l'effort &
la puiſſance en ſoyent differens,
ils ne laiſſent pas d'agir & d'eſ-
mouuoir encore les paſſions a-
uec toute ſorte de violence.

L'ambition a ſes douceurs ,
& ſes charmes tous particuliers
pour rauir les cœurs, & pour aſ-
ſuiettir les ames , & ie veux croire que ſon Empire s'eſtend beaucoup plus loing que celuy de
l'amour: car tout le monde n'eſt
pas capable de cette derniere
paſſion, & de l'autre chacun en
a des ſentimens par vn deffaut
d'origine, dont on eſt entaché.

Et ceſte paſſion eſt d'autant plus à craindre qu'elle eſt cóme naturelle s'éleuant auec nous à meſure que nous croiſſons. Le moyen de la vaincre, c'eſt d'eſtudier à ſe cognoiſtre, afin de voir à découuert la foibleſſe de ſon fondement.

La vanité naiſt auec nous, mais il ne tient qu'à nous de luy fauſſer compagnie.

Quelle ambition peut auoir vn homme qui ſçait le nombre de la plus grande partie des miſeres, & des mal-heurs qui accompagnent ſa vie? A quoy peut-il pretendre, ne pouuant diſpoſer d'vn ſeul moment ? Que ſçauroit-il ſouhaitter au delà de luy-meſme, s'il n'a pas long-temps la veüe aſſez forte pour regarder iuſques â ſes pieds? Quelle haute viſée voudroit-il donner à ſes deſſeins, ſi toutes ſes penſées, ſes deſirs, & ſes eſperances ont leur but marqué au delà de ſon pouuoir, comme eſtant dans l'aduenir, dont il ne ſçauroit diſpoſer ? Tout git donc à ſe cognoiſtre, c'eſt à dire à conſiderer les veritez ſi ſenſibles, & de nos deffauts, & de nos infirmitez.

La paſſion des richeſſes eſt toûiours extreme, ne pouuant trouuer de la moderation dans nos cœurs. C'eſt vne maladie d'hydropiſie, où la ſoif s'augmente à meſure qu'on boit. Vn hóme riche de dix mille liures de rente en ſouhaitte trente mille , & ſi la fortune luy fait voir les effects de ſes deſirs il en conçoit de nouueaux, ne pouuant iamais trouuer ſon repos dans la iouyſſance des biens qu'il poſſede.

Ce temperament d'eſprit & d'humeur que la Philoſophie nous enſeigne pour viure cótent

Plusieurs
ayment la
vertu fans la
cognoiftre,
mais il faut
neceffaire-
ment que fa
cognoiffance
precede l'a-
mour.

en quelque condition qu'on fe trouue, eft vne vertu fi chafte, qu'elle ne fe laiffe poffeder de perfonne en ce fiecle où nous fommes ; ce n'eft pas qu'on n'en puiffe iouïr : mais il la faut cher-cher dans la pureté de fa côfcien-ce, plutoft que dans le monde, où elle n'eft cognuë que de nom.

Cette auide paffion d'accumu-ler threfor fur threfor eft fi pro-pre à noftre nature criminelle & corrompuë, qu'on ne s'en peut defendre fans vn fecours du Ciel tout particulier. Depuis le larcin que nos Peres firent au Paradis terreftre nos penfées & nos efpe-rances font autât de larronneffes qui vont dérober les biens que nous fouhaittons iufques dans l'aduenir : & ne faifant point de cas de ceux que nous poffedons,

nos cœurs foufpirent inceffam-
ment d'impatience, en l'attente
d'vne nouuelle conquefte. Quel
remede maintenant pour guerir
de ce mal contagieux, & dont la
douleur infenfible nous fait fouuent mefprifer le remede? Quel
moyen dis-je de triompher d'vne
paffion fi forte & fi puiffante, &
à laquelle noftre nature mefme
prefte du fecours? C'eft vne actió
d'eftude veritablement, où la raifon auec le temps peut acquerir
l'auantage. Il eft neceffaire de
confiderer toutes les fois que
ce defir d'amaffer des richeffes
nous preffe & nous violente.
Qu'eft-ce que nous ferons de
tous ces threfors apres les auoir
amaffez? de les laiffer à nos heritiers, c'eft les rendre riches de noftre perte, dont ils fe moquent

dans la poſſeſſion. C'eſt ſe damãner, dis-je, pour faire le profit d'autruy, comme ſi nous n'auions iamais veſcu pour nous-meſmes. D'emporter dans la ſepulture ces treſors, ce ſeroit auoir trauaillé pour les vers, que deuiendront-ils? Il faut neceſſairement les abandonner; O la cruelle neceſſité! mais douce & agreable en ſa continuelle meditation, puis qu'elle nous apprend à meſpriſer tout ce qu'on peut perdre.

Il fait bon amaſſer en ce monde des treſors pour l'autre.

Il y a vn grand nombre d'autres paſſions, qui nous peuuent maiſtriſer auec la meſme violence, ſelon la diſpoſition de l'humeur qui nous poſſede, comme celle de la cholere, de l'enuie, & de la meſdiſance; mais auec la ſeule force de la raiſon, aſſiftée de la grace ordinaire, qui concourt en toutes les bonnes actions, nous pouuons facile-ment triompher d'elles.

On lit de Pyrander Roy d'E-gypte, qu'eftant vn iour en cho-lere contre vn de fes efclaues, il entendit vn efclat fi effroyable de tonnerre, qu'il en demeura tout appaifé, comme s'il euft eu cette péfee que les Dieux eftoient en cholere de la fienne, puis qu'ils crioyent plus haut que luy. Ayons fouuent les mefmes pen-fées auec plus de verité & de lu-miere toutes les fois que cette aueugle paffion veut exercer fur nous fa tyrannie. Ie veux dire qu'auplus fort de noftre cholere nous preftions l'oreille de l'ima-gination au bruit du tonnerre de la iuftice Diuine, pour eftre ap-

On ne fçau-roit aymer Dieu fans le craindre.

paiſez à meſme temps : Car quelle apparence de s'armer de fureur & de rage côtre noſtre prochain, tandis que le Ciel eſt animé d'vne iuſte vengeance contre nous-meſmes.

La paſſion de l'enuie eſt auſſi noire que l'enfer, & la plus criminelle de toutes enſemble, procede d'vne malice enuenimée où la nature ne contribüe rien du tout. C'eſt vne paſſion de demon, dont la fureur & la rage tiennent les ames aux fers, & dont la jalouſie larronneſſe dérobe tous les biens d'autruy en les enuiãt, mais ſans les poſſeder; quel moyen donc de vaincre ceſte indomptable? Il n'en eſt point d'autre que celuy de conſiderer la iuſtice de ceſte Prouidence adorable, laquelle ne depart iamais

Les énuieux ſont ennemis d'eux-meſmes l'eſtant de leur repos.

mais & ſes faueurs & ſes graces
qu'auec poix & meſure. Dieu ne
ſçauroit agir que iuſtement, puis
que ſa Iuſtice n'eſt autre que luy
meſme. Que ſi celuy-là a cent
mille liures de rente & moy mille ſeulement, dequoy me puis-je
plaindre, en demanderay-je raiſon à la raiſon ? accuſeray-je la
Iuſtice d'iniuſtice ? De mettre en
auant qu'vn Souuerain fait ce
qu'il veut, & vn Tout-puiſſant ce
qu'il luy plaiſt, ie veux m'arreſter
touſiours à ceſte balance que
Dieu porte à la main, & où luy-
meſme peſe ſes actions au poids
de ſa volonté, & conſequem-
ment à la meſure de ſa iuſtice.
Quelle objection pourroit-on
faire contre ceſte verité ?

Enuieux adore ce que tu ne
peux comprendre, & au lieu de

L'enuieux
n'eſt iamais
en ſanté

R

car la fievre de ceste paſſion eſt continuë.

te plaindre des biens dont tu ne iouïs pas, rends graces au Ciel de ceux que tu poſſede; & quelques petits qu'ils ſoient, ils ſont touſiours aſſez grands pour t'occuper durant toute la vie à l'eſtude de la recognoiſſance.

La paſſion de la mediſance ſe vainc aiſement par vne nouuelle conſideration de nos propres defauts: car de tous les vices dont nous accuſons autruy, nos cœurs nous en peuuent conuaincre: Si i'appelle celuy-là larron, ne ſuis-je pas plus grand voleur que luy meſme, puis que contre les loix de la charité ie luy deſrobe l'honneur par cette iniure. Ie veux qu'il ſoit traiſtre en l'appellant de ce nom, ie trahis le ſecret que ſon deffaut m'impoſe. Que s'il ne l'eſt pas, ie le ſuis moy-meſ-

Il eſt bien plus important d'apprendre à ſe taire qu'à parler.

me trahissant tout à coup, & sa
reputation & ma conscience.   Il
n'est point de peché plus difficile à pardonner que celuy de la
medisance , d'autant que pour
vne iuste expiation du crime , il
faut que la langue qui a fait le
mal , en donne le remede.

Medisant, si tu ne peux moderer ta passion, médits de toy-mes-
me , estudie tes vices , medite tes
defauts, & accuse-t'en deuant le
Ciel, quoy qu'il soit tesmoin de
tes crimes , & par cette voye de
medisance , tu meriteras vn iour
d'estre loüé eternellement.   Me
voicy à la fin du Chapitre.

Apres tous ces remedes particuliers, auec lesquels on peut ai-
sément resister contre la tyrannie des passiōs, il n'en est point
de plus souuerain , que celuy de

la meditation de la mort : tous
ensemble aboutissent à cet vnique comme le plus authorisé de
l'experience iournaliere.

Grands Rois laissez-vous mener
en triomphe par vos pensées iusques à la sepulture, & considerez
en chemin comme vos grãdeurs,
vos richesses, vos delices, & toutes
les magnificences de vostre cour
vous suiuent pas à pas estant con-
duites par vn mesme sort, dont la
tyrannie absolüe ne pardonne à
personne; & puis que vous mourez à toute heure, sógez au moins
à cette verité afin que l'horloge
ne vous surprenne pas. Vous auez
beau vous nourrir delicatement,
toutes les viãdes dont vous vous
repaissez sont empoisonnées cóme contenant en soy les quatre
qualitez contraires dont la dif-

corde met en guerre vos humeurs, & cette guerre est vn pre-
sage infaillible de vostre defaite.
Vous auez beau chasser la melan-
cholie à force de nouueaux plaisirs, ces contentemés mesme vous
desrobent la vie : Car quoy que
vous ne pensiez iamais qu'à passer le temps, il se passe sans y penser, & la mort vient auant que
vous ayez preuenu son arriuée.
Vous auez beau dorloter vos
corps, contenter vos sens, & assouuir l'appetit de vos desirs, toutes ces ruses vous deçoiuent, le
flambeau de vostre vie a son cours
limité aussi bié que celuy du iour.
Chacun suit sa carriere selon les
loix inuiolables du Ciel, qui en a
marqué tout à la fois & le chemin
& les bornes. Souffrez que le téps
vous conduise au tóbeau, de peur

qu'il ne vous y entreine. Mais en
mourant songez au moins à ceste
vie qui n'aura iamais fin. Toutes
les felicitez que vous auez pos-
sedées se sont euanoüyes auec
la plus belle partie de vostre aage,
toutes celles dont vous iouirez
encore s'enfuyront auec le reste;
que vous restera-t'il donc au dernier instant de la vie, qu'vn fas-
cheux souuenir d'auoir gousté
mille plaisirs qui se sont passez,
& d'auoir perdu autant de moyens d'en auoir d'autres qui deuoient durer eternellement? Des-
poüillez-vous vne heure tous les
iours de vos grandeurs,& en presence de vous-mesmes, ie veux
dire de tous les malheurs, & de
toutes les miseres qui vous sont
propres, confessez la verité de
vostre neant, & celle de vostre

Que les
plaisirs cou-
stent cher
quand ils ne
vaudroient
qu'vn repen-
tir.

pourriture, afin de vous retrou-
uer toutes les fois que l'enuie
vous prendra de vous chercher,
c'eſt par ceſte confeſſion que
vous triompherez de vous-meſ-
me.

Alexandre Rencontrant Diogene dans un Cimitiere & s'enquerant à quoy il
s'amusoit je cherchois les os de ton pere philippe luy repond il, parmy
ceux de mon valet je ne le treuue pas, d'autant qu'ils sont tous égaux.

LE MIROIR QVI NE FLATTE POINT.

CHAPITRE IV.

Vel horrible spectacle! quel effroyable object! Ne voyez-vous pas ce grand nombre de testes de morts, qui accumulées les vnes sur les autres font vne montagne toute d'horreur & d'effroy, dont l'ombre

funeſte & cótagieuſe atire inſenſi-
blemét nos corps dans la ſepulture. Quelle victoire? mais qu'elle
inhumanité? quelle desfaite? mais
quel carnage? Ne pouuons nous
pas dire que la Fureur & la rage
ont aſſaſſiné la nature meſme, &
que nous reſtons ſeuls dans le
le monde pour en celebrer les funerailles & par nos pleurs? & par
nos regrets. Les Peres, les Meres,
les enfans, les nobles & les Ro-
tutiers, les Rois & leur ſubjets
tout eſt peſle meſle dans ce bucher de bois pourry, que le temps
comme vn feu caché, mais ardant
conſomme encore peu à peu ne
pouuant ſouffrir que la cendre
ſoit eſleuée ſur la poudre.

Eſprits orgueilleux voicy vn
epouuentable reuers de medaille.
Tous ces funeſtes objets animez

La mort eſt vn iuge equi-table, puis qu'elle ne pardonne à perſonne.

encore & d'horreur & d'effroy vous imposent silence par la leur, afin d'arrester vos esprits à la contemplation de leurs ruines deplorables. Si vous estes riches, ceux qui ont possedé les plus grands thresors du monde n'ont pas vaillant la moile de leurs os, puis que les en ont desia fait leur curée. Si vous estes heureux, les plus fauoris de la fortune sont reduits à la misere du fumier qui les enuironne. Si vous estes vaillans Hector & Achille sont vaincus, voyez les honteuses marques de leur defaite. Si vous estes sçauans, cy gisent les plus doctes du Siecle, lisez l'Epitaphe de leur tombeau.

On peut mespriser la mort mais non pas la vaincre.

Ie veux que vous soyez encore les plus grands Princes de la terre vn nombre infiny de vos compagnons est enseuely sous ces ruynes infectees. Ie veux en fin que vostre Souueraineté s'esten-de sur tout l'Empire du monde, mille & mille encor de vos semblables n'ont rien de plus propre que la pourriture qui deuore iusques à leurs os.

Ambitieux, voicy ce Miroir qui ne flatte point, puis qu'il represente au naturel la verité de tes miseres : tu as beau pretendre la conqueste de l'Vniuers, ceux mesmes qui en ont emporté la couronne, ne sont couronnez que de poudre & de cendre.

Auare, voicy ton liure de comptes, faits le calcul de tout ce qui t'est deu, & de tout ce qui te restera apres auoir payé tes debtes, tu apprendras que ton ame est desia hypothequee aux demons,

Ie ne m'e-tonne pas si l'auare ne pense iamais à la mort, puis qu'il n'a d'autre soing que celuy d'amasser du bien pour viure.

ton corps aux vers, & que de la
forte auec tous tes trefors, il ne te
reftera pas vn cheueu à la tefte,
vne dent à la bouche, vne gout-
te de fang dans tes veines, ny
tant foit peu de moile dans tes
os : & de ton eftre feulement la
memoire en feroit efteinte, fi tes
crimes ne la rendoit eternelle
dans les enfers.

Superbe, mefure de tes four-
cils heriffez l'eftenduë de la terre, morgue de tes regards me-
naffans & le Ciel & les Aftres,
ces monceaux de pourriture,
dont ta carcaffe eft formée, pre-
parent le tombeau de ta vanité.
Ce font des ombres de mort in-
feparables de ton corps, puis
qu'il meurt à toute heure. Si tu
t'efleues auiourd'huy iufques
aux nuës, tu feras rabaiffé de-

main iusques au neant. Que si tu
doutes de cette verité, voila mille témoins qui en ont fait l'experience.

Luxurieux donne ton corps en
proye à la volupté, ne refuse rien
à tes plaisir; mais considere l'horreur & l'effroy de cette metamor-
phose où ta chair se doit changer en boüe, cette boüe en vers;
& ces vers en de nouueaux encore qui deuoreront iusques à ton
cercueil, pour effacer les dernieres marques de ta sepulture.

Que la reponce de Diogene à
Alexandre est remarquable. A
quoy t'amuses tu, luy dit vn iour
ce Monarque, l'ayant treuué
dans vn Cimetiere; Ie m'amu-
sois, luy respond-il, à chercher les
os de ton pere Philippe parmy ce
grand nombre que tu vois, mais

ma peine est inutile : car les vns ne different point des autres.

Grands Rois les discours de cette response vous peuuent seruir auiourd'huy d'vne nouuelle leçon pour apprendre à vous cognoistre. Vous allés en triomphe dans le tõbeau au suiuy du train de vos magnificences ordinaires, mais estant arriué à ce port par le vent continuel de vos soûpirs, vostre pompe s'euanoüit, vostre Majesté vous abandonne, vostre grandeur vous dit vn dernier adieu, vostre cheute vous égale à tous ceux qui estoient au dessous de vous. Le fumier de vos corps n'a point d'autre preeminence sur les autres que celle de la pourriture, comme estant d'vne matiere plus disposée à l'infection. Que si

vous doutez de cette verité,
voyez & contemplez le deplorable estat où sont reduits vos
semblables. Leurs testes chauues
n'ont point d'autre couronne
que celle de l'horreur qui les enuironne : leurs mains décharnees
ne portent pour Sceptre qu'vn
monceau de vers, & toutes les
miseres ensemble font la meta-
morphose de leur cour. Ces objets palpables & sensibles font
des tesmoins sans reproche, il
faut que vos esprits se rendent à
l'espreuue des sens.

Mais quel prodige de merueille ! ne voy-je pas cette grande
armee de Xerxes reduite & me-
tamorphosée en vne poignée de
poudre ? Tout ce monde ensemble, qui de son ombre couuroit
vne grande partie de la terre,
n'en

n'en couure pas auiourd'huy de
son corps vn pied seulement. Ne
vous lassez iamais de penser à des
veritez si importantes.

Seneque en la tragedie d'Her-
cule introduit vne nourrice es-
plorée qui porte les cendres de
ce dompteur de monstres dans
vn vase, & luy fait dire : Voyez
comme ie porte dans ma main
celuy qui portoit le Ciel sur ses
espaules. Le sens de ces paroles
doit engager nos esprits à vne
profonde meditation sur la vanité des choses qui nous semblent les plus durables. Tous ces
grands Monarques qui cherchoient l'immortalité & dans
les victoires, & dans les triomphes, n'y ont trouué à la fin que
la mort, puis que leurs couronnes & leur gloire ont esté ense-

La misere
est vne ver-
ge rouge, &
deuore les
plus grands
arbres, io
veux dire les
plus grands
Collosses.

S

uelies dans le mesme tombeau de
leurs corps. Voicy vn nouueau
sujet d'estonnement.

Les Mathematiciens m'ap-
prénent que toutes les lignes ti-
rées du centre à la circonference
sont esgales. Rois, Princes, ra-
baissez vostre orgueil, vos sujets
marchent du pair auec vous dans
la sepulture. Si la vie vous donnoit la preéminence, la mort
leur donne l'inégalité : il n'y a
plus de place affectée, ny de rang
à disputer, le fumier de vos cendres, & celuy de leur poudre ne
font tous ensemble qu'vn monceau de bouë, dont l'infection
m'est en horreur. Ie suis d'humeur à ne vous flatter point.

On lit des Ethyopiens qu'ils
enseuelissoient leurs Rois dans
vn fumier, & ie n'en tire point

d'autre raiſon , que celle qui ſe trouue dans la nature du ſujet. Ils ioignoient par cette action l'ombre auec ſon corps, l'effect auec ſa cauſe, & le ruiſſeau auec ſa ſource : car que ſommes-nous autre choſe qu'vne maſſe de bouë deſſeichée par le feu de la vie, & amolie par la glace de la mort? & dans cette derniere infe-ction où le treſpas nous reduit, le fumier de nos corps panche vers celuy de la terre, côme vers ſon centre. De ſorte qu'eſtant conceus par la pourriture, ie ne trouue pas eſtrange ſi nous ſom-mes enſeuelis dans l'infection.

La terre, la poudre, & la cen-dre demeurent touſiours les meſ-mes, ſoit dans vn vaſe d'or, ſoit dans vne biere de bois ou dans vn Mauzolée de marbre. Grands

Rois , vous auez beau couurir vos miseres d'vn magnifique tombeau , elles ne changeront point de nature , le fumier de vos os ne perd iamais l'horreur & l'infection qui luy est propre : Que si sa masse se reduit en poudre & que le vent l'emporte , ce vent est tousiours chargé de pourriture , il ne sçauroit espandre autre chose en mille lieux. Ie veux m'escarter du chemin sans perdre ma visée.

Fabius Paulus raporte que sur le tombeau d'Isocrate , il y auoit vne Syrene assise sur vn Belier, laquelle tenoit vne harpe à la main. Ce qui donnoit à entendre que ce fameux Orateur charmoit les ames par les oreilles au son de son eloquence admirable. Mais comme la har-

pe de cette Syrene eſtoit muët-
te, il falloit s'imaginer l'harmo-
nie de ſa douceur de meſme que
celle de la voix de ce grand per-
ſonnage : car la mort en impo-
ſant ſilence à celle-cy faiſoit taire l'autre. De maniere que tout
eſtoit eſgalement funeſte , &
l'objeƈt & les merueilles qu'il
nous preſentoit , puis que de
ces veritez paſſées il n'en reſtoit
plus qu'vn foible ſouuenir, dont
le temps meſme effaçoit peu à
peu les idées.

Iean Baptiſte Fontaines met
en auant que ſur le ſepulchre de
Q. Martius où y auoit graué vn
Belier qui ſe ſouſtenoit ſur deux
pieds, & vn Lievre mort à coſté
de luy. Le Belier repreſentoit la
generoſité de ce grand Capitaine dans les combats , & le Lievre

Que la va-
nité des hó-
mes eſt in-
ſupportable,
puis qu'ils la
font eſclat-
ter dans leur
tombeau.

S iij

mort ſes ennemis vaincus. Mais
quel hóneur reſtoit-il à luy-meſme dans ſa defaite ? Vainqueur
d'vn nombre infiny de miſera-
bles, il ſe trouuoit à la fin vaincu
de ſes malheurs. Triomphant de
mille combats, vne ſeule pierre
contenoit tous ſes trophées, &
toute ſa gloire ; ô deplorable
ſort ! de n'auoir que ſept pieds
de terre, apres auoir conquis la
plus grande partie de la terre.

　　Plutarque nous aſſeure que
ſur le tombeau d'Alexandre on
auoit repreſenté vn Embleme,
où l'Aſie & l'Europe paroiſſoiét
vaincuës dans les chaines de leur
captiuité, auec ces deux mots
qui ſeruoient d'vn nouueau trophée, *La victoire d'Alexandre.*
O honteuſe victoire ! ô funeſte
triomphe ! car où en ſont main-

tenant les lauriers & les palmes?
Ce grand Monarque a vaincu
tout le monde; mais n'ayant iamais peu vaincre son ambition,
elle luy a osté à la fin toute la
gloire qu'elle-mesme luy auoit
fait acquerir. Grands Princes al-
lez à la conqueste de l'Vniuers;
mais ie vous auertis que tous
ceux qui en sont reuenus se sont
repentis d'auoir pris tant de peine pour si peu de chose. Le jeu
ne vaut pas la chandelle; que si
vous aymez à vaincre & à triompher, vos passions vous en four-
nissent le sujet à toute heure:
Voyons la fin de cette carriere.
On lit de Cyrus qu'il fit grauer
ces mots sur la pierre de sa sepulture, *Cy gist le vainqueur des
Perses.* Mais quel excez de malheur peut auoir reduit vn si grád

Le mespris du monde est beaucoup plus glo-rieux que toutes ses couronnes.

Monarque à vn tel excez de misere ? Il veut qu'on admire sa
gloire passée deuant le fumier où
il est enseuely, il veut qu'on adore les grandeurs de sa vie, sur le
mesme Autel où la mort nous
represente pour victime ; n'est-ce
pas vne vanité plus digne de
compassion que d'enuie?

On lisoit l'Histoire de la vie
de Themistocle sur la pierre de
son sepulchre, & l'on auoit ou-
blié d'y peindre celle de sa mort.
Voicy les hauts faicts de Themi-
stocle. C'en estoit l'inscription.
Mais il est important de considerer qu'encore qu'on n'eust
graué les merueilles qu'il auoit
faites, que sur la porte de son
tombeau, elles n'ont pas laissé à
la fin d'entrer dedans pour sui-
ure le sort de leur cause : de sorte

qu'il ne reste plus rien de Themistocle que ce nom : car de tout ce qu'il a fait le vent en a emporté la gloire, & le souuenir mesme qui nous en demeure, n'est qu'vn portraict de vanité.

On auoit representé sur le tombeau de Iosué le Soleil auec cette inscription, *Soleil arreste toy contre Gabaon.* Il est vray, le Soleil s'estoit arresté au milieu de sa carriere, pour faire triompher ce grand Capitaine de ses ennemis. Mais deslors qu'il les eut vaincus cét astre jaloux de sa gloire le conduisit dans la sepulture, comme s'il ne pouuoit rien voir sur la terre d'aussi durable que luy : tant il est vray que tout s'enfuit de la vitesse d'vn torrent, quoy que la fuite nous semble beaucoup plus lente

L'Epitaphe que l'Escriture
nous raporte d'Adam, n'a pas
tant d'esclat ny de magnificence
que les autres : *Il est mort*, nous
dit-elle, tant seulement parlant
de luy, ô la belle Epitaphe ! On
n'en dira pas vn iour dauantage
de vous, grands Rois, vous auez
beau sortir victorieux des combats auec Q. Martius, & entrer
en triomphe dans les villes auec
Alexandre. Vous auez beau faire
grauer l'Histoire de vos faits sur
la pierre de vos sepultures, comme Themistocles, & prendre le
Soleil à tesmoin de la verité de
vos triomphes de mesme que Iosué. On ne dira rien plus pourtant de vous, que ce qu'on dit
d'Adam, *Il est mort*, *ils sont*
morts. Voila tout.

L'Epitaphe de Dauid qu'on

lit encore dans l'Escriture est digne de remarque : *Cy gist cét Inuincible Monarque, lequel en son enfance domptoit les Ours, en son adolescence des Lyons, en sa ieunesse les Geants, & en sa vieillesse il s'est trouué vainqueur de soy-mesme. Passant n'enuie point son repos, puis que tu es en chemin de l'acquerir.* Ces paroles exprimét à peu prés le sens de celles qui sont couchées dans l'Escriture sur ce sujet, & ie n'y sçaurois rien adjouster que ce discours de mon estonnement & de ma pensée.

Quoy vn si grand Prince comme Dauid, fauory du Ciel, redouté de la terre, & chery de la Nature, n'aura fait que luire comme vn esclair pour passer comme le vent ; où trouuera-t'on donc de la constance & de

la fermeté ? quel peut estre l'af-
siette & le fondement de toutes
ces nouuelles mérueilles du monde, dont la beauté semble disputer de l'esclat auec le Soleil?
Seigneur ce m'est vne agreable
consolation de voir en courant au tombeau que toutes
choses m'y suiuent. Ie suis fort
aise qu'il n'y ait rien de durable
icy bas que vostre seule parole
puis qu'elle me fait esperer vne
Eternité, qui ne sera point su-
iette à l'inconstance des siecles.
Que tout change, Seigneur, a-
uec moy, i'ayme ce changement,
car en roulant d'aage en aage
vers la sepulture, ie m'approche
tousiours de vous , & consequemment de mon souuerain repos, & de ma derniere felicité.
Suiuons nos premieres traces.

La premiere Epitaphe qui a esté mise sur les tombeaux est celle de la belle Rachel, comme il se remarque dans l'Escriture. Et Borchardus nous asseure que c'estoit vne pyramide que Iacob y fit dresser, appuyée sur douze pierres precieuses auec cette inscription, *Cy gist la Beauté & l'Amour.*

Mes Dames, que vos douceurs & vos appas changent donc maintenant de langage, & qu'ils ne nous disent plus que vous estes belles, puis que la beauté est enseuelie dans le tombeau de la belle Rachel. Que si vous faites parade de vos cheueux crespez, dont les charmes brillants esbloüissent les yeux, & captiuent les ames tout à la fois, sa cheuelure blonde esparse en mil-

le & mille chaiſnes toutes d'or,
auoit ce pouuoir d'enchaiſner
tous les cœurs, & cette vertu encore d'en meſpriſer l'Empire. Et
toutefois la nature n'a iamais pû
exempter de la pourriture ce
chef-d'œuure de ſes mains. Ie
veux que la Majeſté ne ſe mire
que dans l'yuoire de voſtre
front : celuy de Rachel eſtoit ſi
parfaict qu'on cherchoit inutilement des termes pour exprimer ſa perfection, & pourtant
ce n'eſt plus rien que cendre.

Que vos yeux plus clairs que
le Soleil, & plus beaux encore
que luy-meſme, ſçachant l'art de
rauir les libertez, & de ſe faire
aymer des cœurs les plus farou-
ches, ceux de Rachel eſtoient
ſi admirables & ſi charmans encore, qu'elle meſme en redou-

Mes Dames ne tirez pas vanité d'eſtre belles auiourd'huy, car demain vous ne le ſerez plus.

toit le pouuoir & la force : car
toutes les fois qu'elle se regar-
doit dans vne glace, ses regards
la mettoient toute en feu, & ce
feu estoit si beau qu'elle en ap-
prehendoit l'embrasement, comme tentée de le desirer. Et auec
tout cela ces deux merueilles
animées de tout ce que la nature
auoit & de plus doux, & de plus
aymable, ne sont maintenant
qu'infection & que pourriture.

Que vos iouës soient moitié
de lys, moitié de roses, vos levres tout d'œillets, vos dents de
perles, vostre sein d'albastre,
& que toutes ces qualitez aymables soient animees encore d'vn
esprit diuin, La belle Rachel
possedoit toutes ces perfections
souuerainement , & beaucoup

d'autres encores que vous n'a-
uez iamais veuës, ny souhait-
tées, comme esleuées au dessus
de vostre cónoissance ; mais quel
malheur ! Elle-mesme, où toutes
ces rares beautez estoient vnies
& rassemblées n'est plus rien du
tout ; ou si elle est quelque chose encore, ce ne peut estre qu'vn
peu de poudre, de terre, ou de
cendre, que les vers tiennent en
depost. O effroyable metamor-
phose !

Choses é-
tranges,tout
meurt en
nous ,fors
que l'enuie
de mal faire.

Mes Dames, vous oserez-vous
dire encore belles , apres auoir
assisté & d'imagination & de
pensée aux funerailles de la
beauté mesme : apres auoir leu,
dis-je, l'Epitaphe que la vérité
a escrit sur sa sepulture, Ie veux
que vous ayez mille douceurs &
autant de graces , confessez au
moins

moins maintenant, que les attraits en sont si delicats, que le
vent les emporte ; comme s'ils
n'estoient faits d'autre chose : car
à peine sont-ils nais, que vous les
voyez mourir, & en mourant le
mespris qu'vn chacun en fait les
rend plus capables de donner de
la pitié que de l'amour.

On remarque dans la vie du
Bien-heureux François Bor-
gia de la Compagnie de Iesus,
qu'estant engagé dans le monde à la suitte de la fortune,
quoy que la grandeur de sa naif-
sance & celle de son merite fuf-
sent en tres-forte consideration,
l'Empereur Charles-Quint luy
mist en depost le corps mort de
sa chere espouse, pour estre conduit & porté dans la sepulture
de ses ancestres. Ce qu'il entre-

T

feres l'habi-
tude que
nous auons
à le contem-
pler en oste
l'horreur.

prit tenant à vn excez d'honneur le commandement qu'il en
auoit receu, & le choix particulier que sa Majesté auoit fait de
sa personne. Et deslors qu'il fut
arriué au lieu où l'on deuoit faire les dernieres funerailles de cette Princesse, on en voulut visi-
ter le corps selon les formalitez
ordinaires qu'on a accoustumé
de pratiquer en vne action si
importante. Mais on ne vid iamais tant d'horreur, ny tant
d'effroy ensemble, soit dans cette biere ouuerte, ou sur les visages des spectateurs. On cherche le corps de cette Princesse
en sa presence, & pas vn ne le
trouue, parce que pas vn ne le re-
cognoist. Son visage jadis plein
d'attraits & de graces autant que
de majesté & de douceur, n'est

plus qu'vn monceau de fumier, dõt les vers en foule & touſiours naiſſans, conſeruent la pourriture. Le reſte de ſon corps eſt encore le reſte des vers, ayant deſia aſſouuy leur faim de ſa proye.

Ceux meſme qui ont enſeuely cette Princeſſe dans ſon ſuaire n'oſent plus ſouſtenir que c'eſt elle, & celuy à qui le corps auoit eſté donné en depoſt ne ſçait auſſi que dire, ſe trouuant ſi confus & ſi eſtonné d'vne ſi prompte & ſi effroyable metamorphoſe, qu'il fait deſſein à l'heure meſme de quitter le monde, & de ſe deſpoüiller de toutes ſes grandeurs, puis qu'elles n'auoient point le pouuoir d'exempter ſon corps de la pourriture.

Mes Dames ne vous laiſſez

plus ſurprendre par la vanité. Vous voyez à quelle extremité d'horreur & de miſere ſont reduits vos appas & vos charmes. La plus grãde Princeſſe du monde, & vne des plus belles qui fut iamais, eſtant cheute de ſon throſne Imperial dans la ſepulture, pas vn de ſes ſujets ne la reconnoiſt. Les vers apres auoir effacé tous les traits de ſa reſſemblance, l'ont enſeuelie ſi auãt dans l'infection, que meſme on ne l'y trouue pas, n'eſtant autre choſe que pourriture. Lecteur, rends-toy aux attaintes d'vne verité ſi ſenſible.

On rapporte de Semiramis qu'elle fit mettre ſur ſon tõbeau cette inſcription, *Le Roy qui aura beſoin d'argent en trouuera dãs cette ſepulture autãt qu'il en vou-*

dra. Et quelque temps apres le
Roy Darius porté d'vne passion
d'auarice fit ouurir ce sepulchre,
mais il n'y trouua dedans autre
richesse que celle de l'or qu'on
auoit employé à la graueure de
ces mots : *Auare qui viens trou-*
bler le repos des morts, assouuis ta
passion d'auarice du tresor de mes
miseres, puis que leur object est as-
sez puissant pour te faire mespri-
ser toutes les richesses du monde.

C'est violer auec trop d'audace les droicts de la nature, que de troubler le repos des morts.

Auares, entrez souuent de pensée dans les tombeaux, visitez en
effect les Cimetieres, & vous y
trouuerez beaucoup plus de richesses que vous n'en souhait-
tez: car en considerant l'horreur
du fumier où vos semblables
sont enseuelis, vous raisonnerez
sans doute de la sorte.

A quoy me seruiront à la fin

tous les threfors que i'amaffe dans mes coffres, fi les plus riches du monde ne font plus que terre & que cendre deuant mes yeux. Que feray-je à l'heure de la mort de tous ces biens que ie poffede maintenant, fi mon corps mefme eft vne proye affe-ctée aux vers & à la pourriture? Ie ne pretends rien du monde, Seigneur, que la feule gloire qu'on peut acquerir par fon mef-pris; mais comme c'eft vne gloire dont la conquefte depend de voftre grace, plutoft que de ma force, donnez-moy le courage, s'il vous plaift de furmonter toutes les tentations qui s'oppoferont au deffein de ma victoire, afin que mes vœux foient exaucez, & mes peines recompenfees, ie reuiens à moy.

Quand ie penſe que tout le monde enſemble n'eſt qu'vn ci-metiere, où à toutes les heures du iour la miſere y enſeuelit tous ceux que le malheur y a tuez, ie n'ay plus de paſſion pour la vie, puis que les maux & les peines en ſont les proprietaires plutoſt que nous. Qui pourroit tenir compte du nombre des perſon-nes qui expirent en ce moment que ie vous parle, ou des differen-tes morts qui terminent le cours de leur carriere : Tout eſt eſga-lement effroyable, & nous n'en fremiſſons pas toutesfois, ny d'horreur ny d'eſtonnement.

La promenade des Cimetierés quoy que triſte & melancholi-que par les funeſtes objets qu'on y rencótre, a quelque choſe d'a-greable : neantmoins pour con-

tenter les bons esprits, en la contemplation de ses mesmes objects qu'on y trouue. Combien
de fois ay-ie pris plaisir à considerer vn grand nombre de testes
de morts, arrangées l'vne à suitte
de l'autre auec cette pensée de la
vanité & de l'arrogance, dont
autresfois elles estoient remplies.
Les vnes n'auoient d'autre soin
que de leurs cheueux, employant
la plus grande partie de leur
temps, ou à les friser, ou à les
poudrer, & representez-vous en
passant quelle recópense leur demeure de leurs peines : les autres
toutes pleines d'ambition ne pre-
tendoient que des couronnes,
considerez vn peu dans leur misere, l'iniustice de leurs pretensions.

Ie remarquois en suite com-

me vn petit ver rôgeroit les bras
de quelque nouueau Sanſon, re-
duiſant de la ſorte tout ſon pouuoir à vn objet de compaſſion &
de miſere, puis que ce bras iadis ſi
fort & ſi redoutable, n'auoit pas
la force ſeulement de reſiſter à
vn vermiſſeau. Lecteur penſe
ſouuent à ces veritez, & tu y trou-
ueras beaucoup plus de ioye que
de triſteſſe.

Typotius rapporte de Iean
Duc de Cleues, que pour témoi-
gner la fragilité de noſtre nature, & les miſeres de noſtre condition, il auoit pris l'Embleme
d'vn Lys auec cette deuiſe : *Ho-*
die, cras nihil. Il fleurit auiour-
d'huy, & demain ce n'eſt rien.

Grands Rois, voſtre vie n'eſt
qu'vn Lys, elle paroiſt au leuer
du Soleil, comme cette fleur auec

de l'esclat, & de la pompe, mais sur le midy sa viuacité & son lustre commencent à se ternir, & à la fin du iour elle s'éuanoüit auec luy, & à peine le souuenir de son estre nous demeure.

On lit chez Appianus de Pompée, qu'apres auoir triomphé des trois parties du monde, il n'emporta rien auec soy dans la sepulture que ces mots, *Hic situs est magnus Pompeius. Pompée est icy enseuely auec toute sa grãdeur*

O Monde que tu és pauure! puis que tu as si peu de chose à donner! ô Fortune que tu es miserable si tes fauoris sont exposez publiquement en veuë, comme des objets de compassion! S'y fie qui voudra, on ne sçauroit esuiter leurs tromperies qu'en méprisant leurs faueurs.

Cy gist Hannibal, voila tout l'honneur que la posterité rendit à la memoire d'vn si grand Capitaine : Et le temps ialoux encore de la gloire de son nom, ne l'ayant peu enseuelir dans les abysmes de l'oubly, a deuoré iusques à la pierre de sa sepulture. Ne sont-ce pas des veritez dignes d'estonnement ?

Le temps est aussi inexorable que la mort, l'vn & l'autre ne pardonnent à personne.

On remarque chez Suetone d'vn Empereur Romain, qu'estant aux abois de la mort, il s'escria dans vn excez d'estónement. *Fui omnia, sed nihil expedit.* I'ay gousté tous les plaisirs de toutes les grandeurs du monde. Mais les douceurs se sont changees en amertume puis que le degoust m'en demeure.

Faites l'espreuue de tous les delices de la terre. Grands Roys,

le dégouſt vous en demeurera
touſiours à la bouche, le regret
dans le cœur, & s'il eſt inutile
mille ſupplices eternels dans l'a-
me. Repreſentez-vous que toutes les felicitez de la vie ſont de
meſme nature qu'elle, celle-cy
meurt à tous momens, & celles-
là s'enfuyent ſans ceſſe. Les contentemens qu'on reçoit icy bas
ſont des plaiſirs de chaſſé, puis
qu'on ne les peut gouſter qu'en
courant. Ie m'approche de la fin.

Belon en ſes tombeaux dit que
les Rois d'Egypte eſtoient enſeuelis auec vn tel eſclat de pompe
& de magnificence, que ceux
meſme qui en auoient eſté pluſieurs fois les admirateurs eſtoiét
ſouuent en doute ſi le peuple al-
loit placer leurs corps dans leur
throſne, plutoſt que dans leur

sepulture. O que le lustre de ce funeste honneur fait mal aux yeux : car si la vanité est insupportable d'elle-mesme, ses excez mettent les esprits à la genne.

Diodore Sicule parlant du tombeau qu'Alexandre fit eriger à son fauory Hepheftion nous asseure que les magnificences qu'on admiroit estoient hors de prix aussi bien que d'exemple. Le marbre, la bronse, l'or & les perles estoient offerts prodigalement aux plus subtils artisans pour en faire des ouurages, où la tristesse & la pitié, fussent si naïuement representées, qu'elles en peussent donner à tout le monde. Et les diamans, les rubis, les emeraudes, & toutes les autres pierres pretieuses y paroissoient aussi en employ sous l'image du

Quelle folie de vouloir eterniser la memoire de la vanité iusques dans le tombeau.

Soleil, de la Lune, & des Estoil=
les. Ce Monarque aueuglé de
son amour croyoit tenir les astres
captifs dans les pretieuses chais-
nes de ces beaux chefs-d'œuures, comme s'il eust voulu se
venger d'eux à cause des malignes influences qu'ils auoient es-
panduës sur la teste de son cher
Hephestion. Mais sa croyance
estoit vaine, car ces mesmes astres
dont il faisoit voir la captiuité sur
ce tombeau, le conduisoient peu
à peu dans la sepulture.

Les Romains portez de passion
à honorer la memoire du Dicta-
teur Sylla firent faire sa statuë
d'vne prodigieuse hauteur toute
de parfums, & la ietterent dans
le bucher où le corps de cette
ombre deuoit estre reduit en cendre: voulant faire entendre par

cette action que comme l'odeur de sa statuë s'espandoit dans toute la ville de Rome, l'odeur de ses propres vertus beaucoup plus puissante encore s'espandroit aussi par tout le monde. Mais à la rigueur du sens de la terre il est croyable qu'ils n'auoient ietté cette statüe de parfums dans le bucher que pour téperer l'excez de la puanteur du corps qui deuoit estre consommé auec elle. Ie veux m'imaginer encore, que l'odeur de cette statüe, les cendres de ce corps, & toute la gloire des actions de Sylla n'eurent qu'vn mesme sort, puis que le vent triompha de toutes ensemble. Voila les reuers des medailles de la vanité.

On remarque dans la vie de l'Empereur Seuere, au raport de

Dion, qu'il auoit fait mettre à la porte de son Palais vne vrne de marbre, & toutes les fois qu'il y entroit, ou qu'il en sortoit, il auoit accoustumé de dire en la touchant, *Voicy l'estuy qui enfermera celuy que tout le monde ensemble n'a sceu contenir.*

Grands Rois ayez souuent les mesmes pensées dans l'esprit, si n'auez pas de semblables discours à la bouche, le plus petit pot de terre est trop grand pour les cendres qui resteront de vos corps, apres que les vers s'en feront repeus.

Car la misere vous reduit à la fin à si peu de chose que vous n'estes rien du tout; que si vous me forcez de donner quelque nom à tous ces brins de poudre infectée qui font vos deplorables

bles reftes , ie les appelleray les idees d'vn fonge : puis que le fou-uenir de voftre eftre ne fçauroit paffer auec le temps pour autre chofe. Voicy vn nouueau fujet d'entretien.

Les hiftoriens profanes nous raportent des Troglodites qu'ils enfeueliffoient & leurs parents & leurs amis au bruit des cris de ioye, & des acclamations d'alle-greffe.

Les Lotophages les iettoient dans la mer, aymant mieux qu'ils fuffent mangez des poiffons dans l'eau, que des vers dans la terre.

Les Scytes mangeoient les corps de leurs amis en figne d'a-mitié : de forte que les viuants feruoient de fepulchre aux morts.

Les Hyrcaniens iettoient les

V

corps de leurs parens aux chiens.
Les Massagetes les exposoient
en proye à toute sorte de bestes.

Les Lydiens les faisoient sei-
cher au Soleil, puis les redui-
soient en poudre, afin que le
vent les emportast.

De toutes ces coustumes qui
se pratiquent parmy ces nations
estranges ie n'en trouue point
de plus loüable que la premiere
des Troglodites ; puis que n'es-
perant point d'enfer ils auoient
beaucoup de raison à celebrer les
funerailles de leurs amis & de
leurs parens auec les ris & les acclamations d'allegresse, pluftost
qu'auec les pleurs & les plaintes.

Car encor que la vie nous ayt
esté donnée par grace nous n'en
joüiffons que par punition, puis
qu'elle n'eft autre chofe qu'vn

perpetuel supplice de nos conti-
nuelles offences. D'ailleurs les
funestes accidents qui l'accompagnent inseparablement iusques à la sepulture sont en si
grand nombre, qu'on doit estre
bien aise à la fin de la iournée de
se voir deschargé d'vn si pesant
fardeau. Ce n'est pas que ie con-
damne les larmes que nous a-
uons accoustumé de respandre
à la mort de nos plus proches, ce
sont des sentimens de douleur
dont la nature authorise souuent
les premieres violences. Mais ie
ne blasme point aussi la force de
ces esprits qui ne s'alterent iamais à la rencontre des malheurs
& des miseres du monde, quelques extremes qu'ils puissent
estre. Et quel malheur est-ce de
voir mourir ou nos parens, ou

nos amis, ſi tout le monde en
ſemble & la nature meſme ne
ſçait faire autre choſe, quelle
raiſon encore peut-on auoir de
ſe dire miſerable pour eſtre deſti-
né à celebrer les funerailles de
tous ceux qu'on ayme le plus, ſi
la Prouidence en a eſtably l'or-
dre ſouuerainement, & ſi d'ailleurs dans cette carriere de la
mort où tout le monde doit
courre, la preſence n'en eſtant
diſtinguée que par le temps, il
trouue quand on eſt arriué au
bout que l'vn a veſcu autant
que l'autre, puis que tous les
âges quoy que differents en leur
durée, ſont egaux lors qu'ils
ſont paſſés. Changeons de diſcours.

I'aduouë encore vne fois qu'il
n'eſt point de remede plus ſou-

uerain pour guerir de la paſſion de l'arrogance que celuy de la conſideration des cimetieres & des tombeaux: les plus vains & les plus ambitieux ſont forcez de ſe rendre aux attaques de ces funeſtes objects. Car vn homme vaillant ſe trouue bien eſtonné quand il voit à ſes pieds les os & les cendres d'vn nombre infiny de perſonnes qui eſtoient auſſi vaillantes que luy ; quelles penſees peut-il auoir que de ſoubmiſſion & d'humilité conſiderant comme vne partie de ſoy-meſme eſt deſia reduite en poudre & en fumier? ie dis vne partie de ſoy-meſme, puis que cette matiere qui luy ſert d'object, eſt le dernier poinct de la ligne de ſon corps.

Quand Virgile nous parle de

V iij

Priam, il s'estonne, & s'escrie,
Sera-t'il dit qu'vn si grand Monarque n'aura laissé à la posterité
d'autre monument de sa grandeur qu'vn tronc de chair, qu'v-
ne teste separée de ses espaules,
& qu'vn corps sans nom, & sans
figure?

Grands Roys, cette verité est
vn miroir qui ne flatte point, mi-
rez vous souuent dans ses pensees, & vous considererez à la
fin que tout est plein de vanité,
& que cette gloire du monde,
dont vous estes si fort idolatres,
n'est qu'vn fantosme & vne chimere, à qui vos imaginations
donnent la beauté qui vous
charme, & la douceur qui vous
rauit. Que pensez-vous que
c'est d'estre le plus grand du
monde? c'est vn honneur dont

la misere & l'inconstance sont les fondemens. Car toutes les félicitez qui nous peuuent arriuer sont de mesme nature que nous, deslors qu'elles sont arriuees, & consequemment miserables comme nostre condition, & changeantes encore comme elle mesme. Cette terre, où vous viuez, est le sejour des morts, quelle Eternité y croyez-vous trouuer ? Celle des grandeurs, des richesses, & des contentemens n'y a iamais esté qu'en imagination, & cette idee qui en demeure n'est qu'vne reflexion de l'esclat de la verité dont le Ciel illumine les esprits pour les porter à chercher sa source à l'aide de ce roseau. Il est temps de finir cét ouurage.

Ie vous ay representé dans le

premier Chapitre l'eſtude particulier qu'on doit faire pour paruenir à la cognoiſſance de ſoy-
meſmes où giſt le comble de la
perfection ; Et en cela il n'eſt
point d'autre precepte que celuy de la conſideration des miſeres, qui ſont affectées à noſtre
nature, comme autant d'objets
capables d'émouuoir la puiſſance de noſtre raiſon, pour autho-
riſerles ſentimens de foibleſſe qui
nous ſont ſi propres. Mais ce
n'eſt pas tout de cognoiſtre ſes
miſeres, il faut que la penſee en
renouuelle ſouuent les idees dans
nos eſprits, pluſtoſt que le malheur ; afin que la vaniténe nous
ſurprenne durant les interuales
d'vne meditation ſi importante.
Il faut s'enquerir ſouuent à ſoy-
meſme & chercher quelque lu-

miere dans la verité de noſtre
neant qui ſoit capable de nous la
faire cognoiſtre. Puis nous éleuant vn peu plus haut, il eſt neceſſaire encore de conſiderer la
fin pour laquelle nous auons eſté
creez, & en cette conſideration
employer tous les efforts des diuerſes puiſſances de nos ames au
genereux deſſein d'en poſſeder
la gloire. Voila la concluſion de
mon premier argument, ie veux
dire du premier Chapitre.

Le ſecond nous aprend vn nouueau moyen pour reſiſter puiſſamment aux attaintes des vanitez du monde, par l'exemple des
miſeres du plus grand Monarque
de l'Vniuers. La Fortune ne luy
auoit rien refuſé, parce qu'elle
luy vouloit tout oſter: car dans le
comble de ſa gloire il ſe trouue

reduit à la pauureté de la feule chemife qu'il emporte dans le tombeau. Ce qui nous fait voir fenfiblement que les grandeurs de la terre font des biens eftrangers à noftre nature, puis que dans fa condition mortelle & periffable, nous n'en pouuons poffeder que l'vfage ; & le terme de cette poffeffion eft encore de fi courte durée, qu'on en void la fin auffi toft que le commencement. Lecteur reprefente toy comme tu feras traitté en mourant, & de la Fortune & du Monde, fi le Fauory de cette aueugle Deeffe, & le plus grand de l'Vniuers, eft expofé tout nud en chemife en prefence de fes fubjets pour eftre donné en proye aux vers comme le plus miferable de la terre.

Le troiſiéme Chapitre où la vie meine en triomphe la mort, nous enſeigne l'art de vaincre cette indomptable à force de conſiderer ſa foibleſſe : car en effet ſi la mort n'eſt qu'vne priuation, il faut eſtre priué & de raiſon & de iugement pour luy donner vn eſtre, puis qu'elle ne peut ſubſiſter que dans nos imaginations bleſſées. Fantoſme d'idée, dont la forme ſemblable eſt immaterielle, comme n'ayant point, dis-je, d'autre ſubſiſtance que celle que la foibleſſe de noſtre eſprit luy donne. Et venant au poinƈt le plus important ie vous ramenteuray d'autres moyens pour ne la craindre pas. Penſez-y touſjours, attendez-la en tous lieux, & vous triompherez d'elle dans voſtre deffaite. Iamais vne vie exempte de reproche n'a redouté la mort.

Le dernier Chapitre, où l'objet des Cimetieres & celuy des Tombeaux vous est representé, vous peut encores seruir d'vne derniere leçon, puis que c'est vn theatre où vous deuez ioüer la tragedie de vos vies. Tout ce grand nombre d'acteurs dont vous voyez les os & les cendres ont fait chacun leur personnage; & peut-estre que l'heure sonnera bien tost où vous deuez representer le vostre. Lecteur, vis tousiours en crainte, on ne sçauroit se resoudre assez promptement à faire vn bien necessaire. Dieu permet que ces dernieres lignes te reprochent encore vne fois le mauuais estat de ta conscience, n'en attends pas la reproche de toy-mefme, de peur que les regrets n'en foient inutiles. Ton falut eft attaché à vn inftant, confidere le nombre infiny de ceux qui fe font écoulez où tu eftois en eftat d'encourir en mourant le fupplice d'vne nouuelle mort eternelle. Si tu te fies à la jeuneffe, mets la tefte à la feneftre, & tu verras porter au tombeau des perfonnes qui n'eftoient pas plus aagées que toy. Si tu t'arreftes à la fanté dont tu ioüis maintenant, c'eft vn horloge qui marque faux: la bonnaffe d'vne grande fanté a produit fouuent l'orage d'vne mort foudaine. Qu'efperes-tu? l'Efperance eft vne trompeufe: Qu'attends-tu? vn homme fage ne doit iamais remettre à demain ce qu'il peut faire auiourd'huy,

Que desires-tu enfin? le repos de la conscience est le seul bien souhaitable, va donc tout droit, tu ne sçaurois manquer en tenant le chemin que ie t'ay montré.

F I N.